编号：2017-2-017

新编21世纪社会工作系列教材

社会服务项目运作实务

The Operation Practice of Social Service Project

主　编　赵海林
副主编　张　伟　陆飞杰　徐　璐

中国人民大学出版社
·北京·

作者简介

主编介绍

赵海林，博士，淮阴师范学院社会工作系主任，教授，社会工作师（中级）。第二批全国专业社会工作领军人才，扬州大学社会工作专业兼职硕士研究生导师。出版专著一部，编著一部，参编两部，发表学术论文五十多篇，研究方向为社区治理。现任江苏省社会工作协会理事、淮安市社会工作协会副会长、淮安市社会组织发展促进会秘书长、淮安市清江浦区心苑社会工作服务社（全国专业社会工作示范单位）理事长兼总干事、江苏省妇联“苏馨港湾”社工服务项目督导。

副主编介绍

张伟，南京工程学院社会组织与社区治理研究中心主任，河海大学在读博士，发表学术论文十多篇，研究方向为社会组织与社会治理。现任江苏省社会工作协会理事、南京市中级社工督导、南京红叶社会工作服务社总干事，被江苏省司法厅、南京市妇联、南京市委政法委聘为社会组织咨询专家，曾获“南京市社会建设先锋”荣誉称号。

陆飞杰，上海科学技术职业学院社会工作专业主任，讲师，发表学术论文十多篇，研究方向为社会调查方法和社会工作实务。现任全国民政职业教育教学指导委员会社会工作专业教学指导委员会办公室副主任、上海科嘉社会工作评估事务所理事、上海市政府采购项目评审专家。

徐璐，淮阴师范学院社会工作系讲师，社会工作师（中级），华东理工大学社会工作专业在读博士，发表论文十篇，研究方向为社会组织及社会工作实务技巧与方法。现任淮安市清江浦区心苑社会工作服务社副总干事。

内容简介

本书是一本有关社会服务项目运作方面的著作，是作者基于自己开展社会服务项目的经验精心编写而成，分别从社会服务项目策划与申请、项目实施、项目评估、项目财务管理、项目审计、优秀案例和项目撰写六个方面介绍项目运作的全过程，为社会服务项目实施方提供全方位的实务指引。全书对社会服务项目运作的每一项流程，结合图示、实用操作表格、拓展阅读和示例进行展示，具有实务性强和专业度高的特点，能够为读者提供具有实用性、可操作性的项目运作指导。

前　言

党的十七大报告提出“发挥社会组织在扩大群众参与、反映群众诉求方面的积极作用”；十八大报告明确提出要形成“政社分开、权责明确、依法自治的现代社会组织体制”，指出了社会组织改革的方向；十八届三中全会更是提出要“激发社会组织活力”；《国民经济和社会发展第十三个五年规划纲要》强调要发挥社会组织作用，推动社会组织承接政府转移职能。社会组织在经济社会发展中的作用越来越受到大家的认可。受党和政府的政策影响，社会组织呈现出快速发展的态势。截至 2016 年年底，全国共有社会组织 70.2 万个，比上年增长 6.0%；吸纳社会各类人员就业 763.7 万人，比上年增长 3.9%。其中，社会团体 33.6 万个，比上年增长 2.3%；各类基金会 5 559 个，比上年增长 16.2%；民办非企业单位 36.1 万个，比上年增长 9.7%。社会组织正在成为社会治理的重要力量。

2013 年 7 月，国务院常务会议研究推进政府向社会力量购买公共服务，会议明确将适合市场化方式提供的公共服务事项，交由具备条件、信誉良好的社会组织、机构和企业等承担。政府将不再包揽具体的服务工作，而让位于专门的社会组织，让专业的人做专业的事，从而实现资源的优化配置。政府向社会组织购买社会服务项目已经成为时代发展的必然。民政部从 2013 年开始，每年拿出 2 亿元左右的资金，实施中央财政支持社会组织参与社会服务项目。各省、市、区民政部门相继开展社区公益创投项目，司法、残联、妇联、工会和共青团等部门也相继开展向社会组织购买社会服务项目。社会服务项目已经成为党和政府以及群团部门支持社会组织发展的重要手段，也成为政府购买社会组织服务的重要形式。

社会组织每天与项目打交道，对于如何申报项目、项目如何实施、财务如何处理、如何应对项目评估和项目审计，需要有一部可以参考的项目工具书，帮助他们去申请项目、实施项目和评价项目；而大量的社会工作服务是通过政府购买服务来实施的，高校社会工作专业学生需要了解项目的全过程，增强项目的整体意识，为以后实施项目打下基础。我们编写此书，就是为了给大家展示一个社会服务项目运作的全过程，并且结合大量的图示、实用表格、拓展阅读，生动展示出在项目实施的过程中需要注意的细节问题。

本书获得江苏省教育厅2017年高等学校重点教材立项。本书编写得到淮阴师范学院教务处的大力支持，感谢历史文化旅游学院李巨澜院长、淮安市民政局周为民副局长、社会工作处刘建方处长和淮安市清江浦区心苑社会工作服务社的同仁对本书编写工作的大力支持，感谢所有的编写人员付出辛苦的努力，最后感谢中国人民大学出版社盛杰和黄超两位编辑为本书付出的努力。

本书是集体智慧的结晶，参与编写的人员都具有在社会工作服务机构中从事实务的经验，编写任务的具体承担情况如下：

第一章：第一、二节，陈洁（淮阴师范学院）；第三节，丁亚蓓（淮安市清江浦区心苑社会工作服务社）。

第二章：丁亚蓓。

第三章：张伟（南京工程学院）。

第四章：陆飞杰（上海科学技术职业学院）。

第五章：纪杰杰（淮安市清江浦区心苑社会工作服务社）、冯敏良（扬州大学）。

第六章：第一节，徐璐（淮阴师范学院）；第二、三节，赵海林（淮阴师范学院）、闵虓（淮阴工学院）。

第七章：陈爱莉（扬州大学）。

本书由主编赵海林负责统稿，副主编张伟、陆飞杰和徐璐承担了部分章节的校对工作。

目　录

第一章　社会服务项目概述

本章要点

社会服务项目是指政府、企业或基金会等资助者通过服务外包或资助，由社会组织承接的公益性的服务项目。它以弱势人群的生活改善为特定目标，具有涉及面比较广、项目范围模糊、易受外界因素影响、效果不易评价等特征。

社会服务项目的承接主体为社会组织。基金会、社会团体、社会服务机构构成了社会组织的三大类型。社会组织通过积极参与各级各类社会服务项目的申报，获得来自政府、企业以及基金会的资金支持。

社会服务项目的生命周期一般包括项目策划、项目申请、项目实施以及项目评估四个阶段。

关键概念

社会服务项目　社会组织　项目生命周期

在社会服务和管理领域，越来越多地出现这样一种提法，叫作“社会化运作，项目化管理”。政府在管理和服务模式上正发生着巨大的变化，随着政府购买服务的推进，政府鼓励社会组织参与社会服务的提供。2013 年 7 月 31 日，李克强总理主持国务院常务会议，研究推进政府向社会力量购买公共服务，会议明确将适合市场化方式提供的公共服务事项，交由具备条件、信誉良好的社会组织、机构和企业等承担。政府将不再包揽具体的服务工作，而让位于专门的社会组织，让专业的人做专业的事，从而实现资源的优化配置。在政府购买服务的大背景下，社会组织数量呈现出快速增长的态势，社会服务项目也在更大的范围涌现。那什么是社会服务项目？社会服务项目是如何运作的？作为本书的导引部分，本章将逐一探讨和分析这些基本概念。

第一节　社会服务项目的含义与类型

一、项目概述

在解释社会服务项目之前，我们先来分析项目的概念及特点，这将有助于我们理解社会服务项目。

（一）项目的概念

项目产生于人类对生产活动的细分，一般认为，项目是为提供某种独特的产品、服务或成果所做的临时性努力。[①] 项目与人类有组织的活动相伴随：既存在大型的复杂项目的运作，譬如长城的修筑、三峡大坝的设计、登月计划的实施等等；亦有与日常生活紧密相连的小项目，譬如节日聚餐、毕业晚会、旧屋改造等等，这些活动所花时间和经费不多，却同样具备项目的基本特征。由此可见，项目即为在一定时间内为达到特定目标而开展的一系列相关活动。

（二）项目的特点

既然项目是为了一定的目的而在特定的时间维度内组织的特定活动，那么无论是复杂的大型项目，还是日常生活中的小项目，依据其界定，我们都可以寻找到它们所具有的一些共性特征，以帮助我们对其概念做深度的理解。

1. 目标明确

项目目标往往直接指向一个具体的结果，并期待以可见的事实状态呈现出来。譬如，企业项目定位于某一产品的设计与产出，或者某一份额数值的上升或下降；科研项目定位于一些新的事实的发现；社会项目则关注某些问题的解决或特定困境的改变。

2. 时间确定

项目实施的时间是事先规定下来的，每个项目都有明确的开始和结束时限，这是项目设计者在设计项目之初，就需要纳入统筹考虑的部分。虽然项目有确定的时间，

---

① 陈为雷. 社会服务项目制的建构及效应分析［D］. 天津：南开大学，2013.

但其创造的产品或服务效果却通常不受时间期限的约束，项目的影响及其影响的持续性甚至成为项目追求的目标之一。以困境青少年社工服务项目为例，大学生志愿者对困境青少年的探访的时间期限是确定的，但是这种稳定联系带给困境青少年的温暖和影响、对大学生志愿者公民意识和责任意识的激发，可能将伴随双方更久的时间，甚至影响其一生。

3. 资源有限性

项目的执行需要动用资源，不仅包括物资资源、财政资源，亦包括人力、信息等相关资源。以困境青少年项目为例，社工机构需要为其提供一定的经济援助以缓解其经济压力；亦需要大学生志愿者参与，为服务对象提供关系支持；同时还需要提供相关信息以实现对服务对象生活环境的影响。每个项目都需要动用多门类的资源，但每个项目可以利用的资源又是相对有限的，需要项目的设计者审慎考虑自身获取资源的能力和限制，设计合适的项目内容。

（三）项目的类型

项目分为经济项目、公共项目和社会项目。经济项目往往是以效率为目标的，具有营利的取向。公共项目是公共部门（政府部门和第三部门）提供的物品或服务，具有非竞争性、非排他性。像我们日常生活中常见的建设基础设施，发展公共交通，进行军事演习，加强环境保护，这些活动皆具有非常典型的公共项目的特征：多一个人使用或是少一个人分享，并不影响这些项目的成本；每个人的消费也不会影响其他人消费的数量和质量。社会项目的根本目标是以增进社会福祉和维护社会公正为核心的价值，在许多情形下是不计经济成本的。社会项目反映公众的利益，但需要注意的是有一部分社会项目是个体的、独占的，譬如最低生活保障和经适房、廉租房的提供，多一个人或是少一个人，投入的支持成本是不一样的。公共项目与社会项目关系复杂。我们在本书中论述的社会服务项目即属于社会项目。

二、社会服务项目

（一）社会服务项目的概念

社会服务有广义和狭义之分，广义的社会服务，如蒂特马斯的定义，是指通过将创造国民收入的一部分人的收入分配给值得同情或救济的另一部分人，而进行的对普遍的福利有贡献的一系列集体行动；狭义的社会服务，如国际劳工组织（ILO）的定义，是指面向弱势群体的需求和问题所进行的干预，包括康复服务、家庭帮助服务、收养服务、照料服务，以及由社会工作者或相关职业提供的其他支持服务。[①]

本书的社会服务项目是指政府、企业或基金会等资助者通过服务外包或资助，由社会组织承接的公益性的服务项目。如民政部实施的中央财政支持社会组织参与的社会服务项目，包括五个方面：扶老助老服务项目、关爱儿童服务项目、扶残助残服务项目、社会工作服务项目、社会组织能力建设和人员培训项目。江苏省社区公益服务项目包括六个方面：为老年人服务项目、助残服务项目、救助帮困服务项目、为青少年服务项目、专业社会工作服务项目和其他社区公益服务项目。

（二）社会服务项目的特点

社会服务项目具有其他一般项目的共性，它的任务涉及多方成员，范围能够界定，独特性大于重复性，项目具有明确的起止时间。例如，“希望工程”项目不仅涉及海内外千百万捐助者和贫困地区的众多受助儿童及其家庭，还涉及各种媒体及各省区的青基会、各级政府部门等。尽管涉及的成员多，但是它实施的范围始终能够清晰界定，主要是在贫困地区捐建“希望小学”，资助这些地区的贫困家庭孩子上学。“希望工程”在一个特定的时间界线内，将项目的关注点聚集到农村贫困地区小学教育的特定问题上，一旦特定的条件消失了，项目也就失去了存在的必要性。社会服务项目作为以弱势人群的生活改善为特定目标的项目类型，具有自身的特殊性。社会服务项目与其他类型项目之间最大的差别在于它的干预对象不是物而是人。工程类项目是对物品进行生产加工及影响，而社会服务项目作用及影响的对象是人，人是有思想和感情的，具有个人主体性，这一特征带来了社会服务项目实施的难度，也增强了项目运作结果的不确定性。这些特性使社会服务项目较之于其他类型的项目更加复杂。

1. 涉及面比较广

我们以某希望小学的校舍建设项目和该校学生社会支持项目为例进行比较。校舍建设项目是一个明确的建筑工程项目，学生社会支持项目则是一个典型的社会服务项目。校舍建设项目的关系人包括建筑设计人员、建筑承包商和建筑施工人员；而社会支持项目则包括学生、老师、学生的父母以及学生的主要照顾者、当地社区中热心教育的公益人士、社会中关注儿童成长的志愿者以及志愿团队，每一个孩子的背后牵连的是一个家庭，而孩子的成长牵连的却是整个社会。

2. 项目范围模糊

某希望小学的校舍建设项目界线清晰，时间界线有明确的起始和终止时间，空间界线是校园范围内。某希望小学学生社会支持项目的时间界线可以很明确，空间界线

---

① 林闽钢. 现代社会服务［M］. 济南：山东人民出版社，2014：1-3.

也比较容易确定，但在项目执行期内，有的同学可能转学离开，也可能会有新同学加入，服务对象的照顾者也会发生变动，所以需要项目组成员对项目范围进行慎重的考虑，在项目内对于不同的支持形式以及重点干预的对象进行明确的限定，尽可能减少项目实施过程中的不确定性。

3. 易受外界因素影响

社会服务项目会受到项目出资者、赞助者、服务提供者、服务对象及其相关人群、政府机构、媒介等利益相关方的影响。想要完全满足不同的利益相关方的期望是非常困难的，因为利益相关方的期望可能有所不同，有时甚至是相互冲突的。譬如在学生社会支持项目中，也许服务资助方将社会支持定位在精神文化层面，通过增设素质课程、扩展课余生活等方式来实现，而服务对象的家庭可能会更关注经济层面和学业方面的帮助。社会服务项目无论是对象的选择还是目标的设定，在项目实施上都会受到多种因素的影响。

4. 效果不易评价

判断项目是否成功的一个重要标准就是看预定的目标是否达到。譬如校舍建设项目，评估方只关注在规定的时间内，项目建设方是否保质保量地完成了项目方案中承诺的建筑施工，并如期交付使用。但是，社会服务项目由于它的涉及面比较广、项目范围不易确定、易受其他因素的影响，所以项目结果的评价较为困难。例如学生社会支持项目，服务提供者关注的是服务对象是否满意、项目设定的内容是否完成，地方政府在关注项目目标实现的同时，还考虑是否有足够的宣传力和影响力，但服务对象希望尽可能减少媒体曝光。项目利益相关方的评价标准不同，造成评估结果也不一样。

（三）社会服务项目的类型

根据不同的标准，可以把社会服务项目分为不同的类型。

1. 专项项目和综合性项目

专项项目和综合性项目是依据服务对象和服务内容来划分的。专项项目，也就是单项项目，有明确的服务对象和服务目标。例如，心苑社会工作服务社承接的困境青少年家庭成员支持项目针对的是困境青少年家庭成员。这类项目由于服务对象明确具体，因此决定了资源的投入方向和重点。随着社会的发展，专项项目会不断增多，政府和社会组织在服务的过程中会发现某个群体的某种需要，就会去设计或开发某些专项项目去加以满足。江苏省社区公益服务项目和淮安市民政局精神关爱项目资助的公益项目基本上都属于专项项目。综合性项目则是一个平台，可以把各类服务对象放到这个平台上来，可以整合各种各样的资源，并根据服务对象的不同需要提供不同内容的服务。深圳市推行的社区服务中心项目和广州市家庭综合服务中心项目就是综合性的项目，它们被作为一个整体打包并发包给社会组织，由社会组织承担一定区域范围内的面向社区居民的综合服务。服务内容包括：党、团、工会和妇联活动，老人、妇女、儿童、青少年服务和家庭的综合性服务。

2. 实体性项目和非实体性项目

实体性项目和非实体性项目是依据服务项目有无固定的场所来划分的。实体性项目有进行日常服务的实体或载体，这些实体包括服务机构自有的办公和服务场所。例如，北京慧灵智障人士服务中心的“三原色工作室”是一个四合院。政府建的社区服务中心、生活服务中心、市民中心以及残联的残疾人社区康复站，都是开展项目的重要载体。再如淮安市清江浦区社会组织培育发展中心，由当地政府提供服务场地，面向全区社会组织开展服务。社会组织有自己能够控制的服务场地，不但能降低因为协调场地而增加的成本，而且有助于社会组织开展专业化服务。深圳社区服务中心项目和广州市家庭综合服务中心项目都属于实体性项目。非实体性项目则是没有固定的服务场所的服务项目。

3. 政府购买、基金会资助和企业赞助的社会服务项目

根据项目来源，社会服务项目还可以分为政府购买、基金会资助和企业赞助的社会服务项目。政府购买服务项目之前，政府是所有公共服务的承担主体，随着政府管理模式从“大政府，小社会”向“小政府，大社会”的转变，政府向社会组织购买社会服务将成为一种常态，是服务型政府构建的必然选择。政府购买的社会服务项目有专项项目，也有综合性项目；有实体性项目，也有非实体性项目。基金会也是一个社会主体，以公益服务为目标。随着基金会的转型，资助型基金会越来越多。资助型基金会通过提供项目资金资助社会组织。基金会也是社会组织获取项目资金的重要来源。企业在追求盈利的同时，也要履行其社会责任，通过实施公益活动，增强企业的社会影响力。比如，美国辉瑞制药公司上海分公司赞助的“关爱生命：青少年健康教育”项目就是企业赞助的社会服务项目。

（四）社会服务项目的发展

1. 西方国家社会服务的发展历程

西方国家社会服务的一个源头是慈善组织会社运动。1869 年，在英国牧师亨利·索理的建议和倡导下，英国伦敦成立了第一个以济贫为主要功能的社区服务组织——慈善组织会社。它将伦敦全市划分为若干区，每区建立一个分支机构和志愿委员会，主持本区的救济分配工作。美国于 1877 年成立了第一个慈善组织会社。其后六年间，美国慈善组织会社发展到了 25 个。慈善组织会社带动了社区服务的兴起。

影响西方国家社会服务发展的另一个源头是睦邻组织运动的开展。1884 年，英国

的巴涅特牧师在伦敦东区首创了社区睦邻服务中心——汤恩比馆。汤恩比馆设于贫民区，工作人员与社区居民共同生活，依据社区居民的实际需要开展服务项目，充分利用社区的社会资源，培养居民的合作精神。1886 年，美国第一个社区睦邻中心成立。美国的社区睦邻中心不仅要面对都市化过程中的贫穷问题，还要面对大量移民的问题。睦邻组织运动的实质是社区改良运动，它试图在不同阶层的民众之间搭建桥梁，促成彼此之间的学习与合作，也促使人们在更大的范围内关注社会问题，解决社会问题。

工业革命及其引发的社会结构变化强化了政府对社会福利项目的推动。二战之后，西方国家面临的青少年问题、老年人问题、残疾人问题、移民问题进一步突出，同时随着经济的恢复和财政实力的增强，西方政府和社会一起拓展了社会服务的功能，丰富了社会服务的内容，扩大了服务的范围，普遍建立起了与资本主义市场经济相适应的社会福利制度，进而促进了社会福利服务迈向新阶段，社会服务成为社会福利的重要组成部分。

2. 我国社会服务的发展历程

与“西方立国在宗教”不同，历史上中国社会一直奉行“国家至上”。中国社会福利的主要提供者就是政府和家庭，社会互助及慈善救济仅仅起补充作用，由此形成了中国与西方国家完全不同的社会福利保障模式。

新中国成立后，国家继续沿用根据地时期的单位管理模式，以单位控制为核心的“行政吸纳服务”模式应运而生。政府将所控制的资源分配到各级单位，再由单位为其成员提供教育、就业、住房、医疗、福利和娱乐等各项社会服务。但这种政府和企事业单位统包统揽的社会服务模式，使政府背上了沉重的负担。改革开放之后，中国社会服务得以重新发展，特别是以社区为主体的社会服务有了广泛发展。1988 年，第九次全国民政会议首次把“实施社会服务”纳入民政部门职能要求。2000 年，国务院办公厅转发民政部等部门《关于加快实现社会福利社会化的意见》，推进社会服务的多元供给。2012 年，我国颁布《国家基本公共服务体系“十二五”规划》，将社会服务作为公共服务的重要组成部分，为城乡居民尤其是困难群体的基本生活提供物质帮助。

第二节　社会服务项目的实施主体和资源

党的十八届三中全会强调，要激发社会组织活力，正确处理政府与社会关系，适合由社会组织提供的公共服务和解决的事项，交由社会组织承担。这意味着在经济新常态下，社会治理迫切需要社会组织的“协同共治”，通过社会组织承接社会服务项目，整合社会资源，改善和优化公共服务的质量。

一、社会服务项目的实施主体

社会服务项目的承接及实施主体即为社会组织。社会组织逐步承担了原来由政府包办的社会服务，在扶贫、支教、助学、特殊群体支持、培训等方面发挥了越来越重要的功能。

（一）社会组织的概念

社会组织是社会服务项目的承接主体，是除政府与企业之外向社会提供公共服务的法人实体。由于各国在文化和语言方面存在差异，社会组织也有多种不同的称谓：非政府组织（NGO）、非营利组织（NPO）、志愿组织、民间组织、慈善组织、免税组织等。我国目前官方统一使用“社会组织”① 一词，专指区别于政府和企业，具有非营利性、非政府性、独立性、志愿性、公益性等基本特征的组织类型，包括社会团体、社会服务机构②和基金会等。相当于其他国家所指的以社会公共利益为目标的组织——非政府组织、非营利组织、公民社会、第三部门或志愿组织等等。③

（二）社会组织的基本属性

社会组织的基本属性是指各类社会组织共有的一些基本特征。社会组织具有非政府性、非营利性和社会性三大属性。④

第一，非政府性。社会组织是企业事业单位、社会团体和其他社会力量以及公民个人利用非国有资产举办的。其非政府性包含三个方面：一是社会组织的基础是社会旨趣而不是履行国家职能，社会组织依据成员的共同的兴趣、意志、利益、志向、愿望开展服务；二是决策体制和治理结构不同于政府，社会组织具有自主、自治和独立性，是自主决策和自治管理的独立实体，实行理事会治理；三是运作机制不同于政府，社会组织按照宗旨提供公共服务并承担相应的公共责任，追求非垄断的市场竞争性，

---

① 2007年以前，官方一直使用“民间组织”一词，党的十六届六中全会提出了“社会组织”，2007年，我国开始正式用“社会组织”代替“民间组织”一词。

② 《中华人民共和国慈善法》用社会服务机构取代原来的民办非企业。

③ 张书颖. 社会组织服务项目操作指南——以北京朝阳区和丰台区社会组织服务为例［M］. 北京：知识产权出版社，2013：5-6.

④ 王名. 中国民间组织30年——走向公民社会［M］. 北京：社会科学文献出版社，2008：6-7.

追求核心竞争力。

第二，非营利性。非营利性是社会组织区别于市场经济中的企业等营利性组织的本质特征。社会组织不以盈利为目的。其非营利性体现在三个方面：一是存在非营利的分配与收入的约束机制，社会组织不以盈利为目的，但并不等于不盈利，社会组织为社会提供相应的服务，可以收取合理的服务费用，但要求社会组织的捐赠人、理事会成员和实际管理者不得从其财产及运作中获得利益；二是存在非营利组织的组织运作和管理机制，要求社会组织在其决策、执行和监督的各个环节都要具备有效避免较高风险与较高回报的自我控制机制，以避免用利润和收益作为激励手段的管理规则；三是存在非营利的资产保全机制，要求社会组织的资产和产生的利润不得以任何形式转变为私人财产，社会组织不得以捐赠以外的其他方式变更财产及其产权结构，当组织终止其活动并注销时，其剩余财产不得以任何形式转移给包括捐赠人在内的私人所有，而只能用于合乎其宗旨的其他社会活动。

第三，社会性。社会组织是面向社会大众、从事社会公益事业、以社会服务为主要目的的实体。社会组织的社会性集中表现在三个方面：一是资源的社会性，指这类组织得以存续和发展的资源主要来自社会，它们通过开展募捐、接受捐赠、申请资助、收取会费等方式直接获得来自社会的各种公益性或共益性资源；二是产出的社会性，指这类组织所提供的产品或服务具有较强的利他或公益导向，其受益对象或是不特定多数的社会成员，或是社会上的弱势群体；三是问责的社会性，指这类组织在其运作管理的过程中要受到来自社会及公共部门的问责与监督。

（三）社会组织的类型

民政部把社会组织分为三类：基金会、社会团体和社会服务机构。

1. 基金会

基金会是指利用自然人、法人和其他组织捐赠的财产并以之为基础，受托管理并使之用于社会公益目的的非营利性社会组织。一直以来，基金会分为公募基金会和非公募基金会两类。新的《慈善法》第二十二条规定，依法登记满二年的慈善组织，可以向其登记的民政部门申请公开募捐资格。如中华慈善总会、李嘉诚基金会和壹基金等。在2016年公布的《基金会管理条例（修订草案征求意见稿）》中，基金会不再区分为公募基金会和非公募基金会。

2. 社会团体

社会团体是指由中国公民自愿组成，为实现会员共同意愿，按照其章程开展活动的非营利性社会组织。社会团体应当具备法人条件。根据性质和任务，社会团体分为学术性、行业性、专业性和联合性社团。学术性社团一般以学会、研究会命名，如中国社会工作学会、中国社会学会；行业性社团一般以协会（包括工业协会、行业协会、商会、同业公会等）命名，这类社团一般是经济类的，如中国社会工作教育协会、中国建筑业协会、上海市浙江温州商会等；专业性社团一般以协会命名，一般是非经济类的，主要是由专业人员组成或以专业技术、专门资金为从事某项社会事业而成立的团体，如新闻工作者协会、老区建设促进会等；联合性社团一般以联合会、联谊会、促进会命名，这类社团主要是人群的联合体或学术性、行业性、专业性团体的联合体，如青年志愿者协会、体育总会等。

3. 社会服务机构

新的《慈善法》把民办非企业改为社会服务机构。社会服务机构，是指自然人、法人或者其他组织为了提供社会服务，主要利用非国有资产设立的非营利性法人。社会服务机构比民办非企业更容易理解。设立社会服务机构，应当经其业务主管单位审查同意。其中三类社会服务机构可以直接向登记管理机关申请登记，无须有业务主管单位：一是在自然科学和工程技术领域内从事学术研究和交流活动的科技类社会服务机构；二是提供扶贫、济困、扶老、救孤、恤病、助残、救灾、助医、助学等服务的公益慈善类社会服务机构；三是为满足城乡社区居民生活需求开展活动的城乡社区服务类社会服务机构，如深圳市鹏星社会工作服务社、广州市大同社会工作服务中心、南京红叶社工服务中心和淮安市清江浦区心苑社会工作服务社等。

二、社会服务项目的资源

社会服务项目的运作与开展需要资金投入。政府、企业、社会组织都可以成为社会服务项目的资金提供者，但社会服务项目资源的获得亦必须遵循各类组织的相关申报程序。

（一）社会服务项目的资金来源

在国家—市场—社会的三元模式构架中，政府、企业和社会组织形成功能互补的关系（见图1-1）。[①] 政府的主要职能在于提供公共物品，但由于其官僚式的组织结构和权力的集中，在提供公共物品中可能产生高成本和低效率，以及寻租与腐败等问题，形成“政府失灵”；市场通过营利机制配置资源，为获取最大化利润而生产，没有利润的物品和服务，市场不会生产或生产不足，形成“市场失灵”；

---

① 王名，刘培峰，等．民间组织通论［M］．北京：时事出版社，2004：21.

社会组织以宗旨为导向，为社会上有需要的人提供社会服务，满足社会的公益与互益性需求，但社会组织所提供的公共服务，并不意味着不需要成本，要持续地提供公共物品和服务，同样需要耗费资金、投入资源，如果缺乏资源，就会形成“志愿失灵”。

第一部门　政府

职责：提供公共产品
机制：官僚制、垄断性
问题：政府失灵

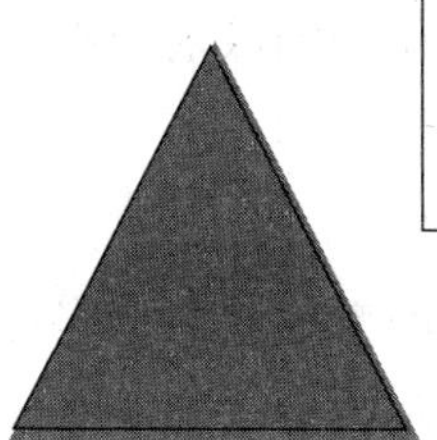

第二部门　企业

职责：积累财富
机制：利润导向和市场调节
问题：市场失灵

第三部门　社会组织

职责：提供公共服务，推动社会改革，公益与互益
机制：志愿、自治、多元、公开、非垄断性
问题：志愿失灵

图 1-1　国家—市场—社会的三元模式架构图

资料来源：王名，刘培峰，等. 民间组织通论［M］. 北京：时事出版社，2004：21.

从实际来看，社会服务项目是联结政府、基金会等资源提供者、非营利组织等服务提供者和服务对象的桥梁和纽带，政府、基金会和企业等资助机构在社会服务项目中扮演着资源提供方的角色。随着政府职能转变，政府从服务提供者向资金提供者转变，2013 年出台的《国务院办公厅关于政府向社会力量购买服务的指导意见》提出，积极推动政府向社会力量购买服务的健康发展，加快形成公共服务提供新机制。承接的主体就是在民政部门注册的社会组织和在工商部门注册的企业。近年来，我国基金会获得了长足发展，基金会的募捐能力不断增强，除了直接从事福利服务外，基金会主要承担着社会服务资助者的角色，以中介组织的身份参与社会福利事业。随着企业社会责任意识的提高，越来越多的企业把大量的资源用于慈善事业，还资助社会组织开展社会服务。社会服务项目资源来源主要有：一是政府购买服务，二是政府开展公益创投，三是企业资助，四是基金会资助，五是个人捐助。

（二）社会组织获得社会服务项目的途径

1. *积极参与，申报政府购买服务项目*

政府主管部门会在每年的年初集中进行购买服务项目指南发布。如北京市连续三年在每年的 1—3 月份集中发布该年购买社会组织服务意向，集中组织申报和评选，及时发布项目立项通知等。所以，各社会组织一定要提前进行调研，设计好服务项目，抓住时机，争取获得市级政府的财政支持。

2. 注意观察，拓展项目申报渠道

政府购买服务项目，除了市、区两级政府的年度发包外，一些政府机构、部门和基金会组织也会根据需要进行不定期的项目发包。所以，各类社会组织要善于整合资源，留意民政部门、司法局、检察院、妇联、共青团等政府部门和群团组织、基金会的服务需求发布，尤其是留意与民生相关的政府机构和基金会的网站，注意捕捉服务需求信息。

3. 主动出击，有针对性地开展服务

各类社会组织除了参与各种形式的政府购买服务项目申报外，还可以主动接触政府部门、群团组织和企业，介绍机构业务范围和服务案例，了解它们的需求，为它们量身设计服务方案，开展灵活多样的社会服务，以提升机构知名度。

4. 利用媒体，宣传自主开发的服务项目

社会组织也可以根据自身的资源和机构目标自主开发一些服务项目，在一些媒体上发布，寻求购买方。目前，这种方式还没有被社会广泛接受，但可以作为一种创新方式来尝试（见拓展阅读 1－1）。

拓展阅读 1－1　　项目会越做越多

XY 社工服务中心成立之后，申报了省民政厅的公益创投 1 项，第 2 年申报了省妇联的公益创投 1 项，同时市、区两级公益创投也开始申报了，再后来又承接了社会组织孵化中心运营项目。现在司法局的社区矫正、检察院的未成年人犯罪、妇联的困境儿童保护、救助管理站的流浪人员服务、工会的贫困女职工保护等方面的项目也开始找上门来了。我们只要多接触，多扩展社会组织的影响力，项目就会越做越多。

第三节　社会服务项目运作的基本环节

广义的社会服务项目运作是指项目运行的整个过程，即按照既定的社会服务项目方案，运用系统的观点、方法和理论，在实施整个项目的过程中有效地对各种资源进行配置和管理，以达到项目目标而进行的所有活动。狭义的社会服务项目运作主要指项目的实施过程。广义的社会服务项目运作的过程就是社会服务项目的生命周期。

一、社会服务项目的生命周期

项目的生命周期是描述项目从开始到结束所经历的各个阶段。“项目四阶段说”把项目分为识别需求、提出解决方案、执行项目、结束项目四个阶段，亦可称为规划阶段、计划阶段、实施阶段、完成阶段。各阶段的划分及主要的工作内容如图 1－2 所示。

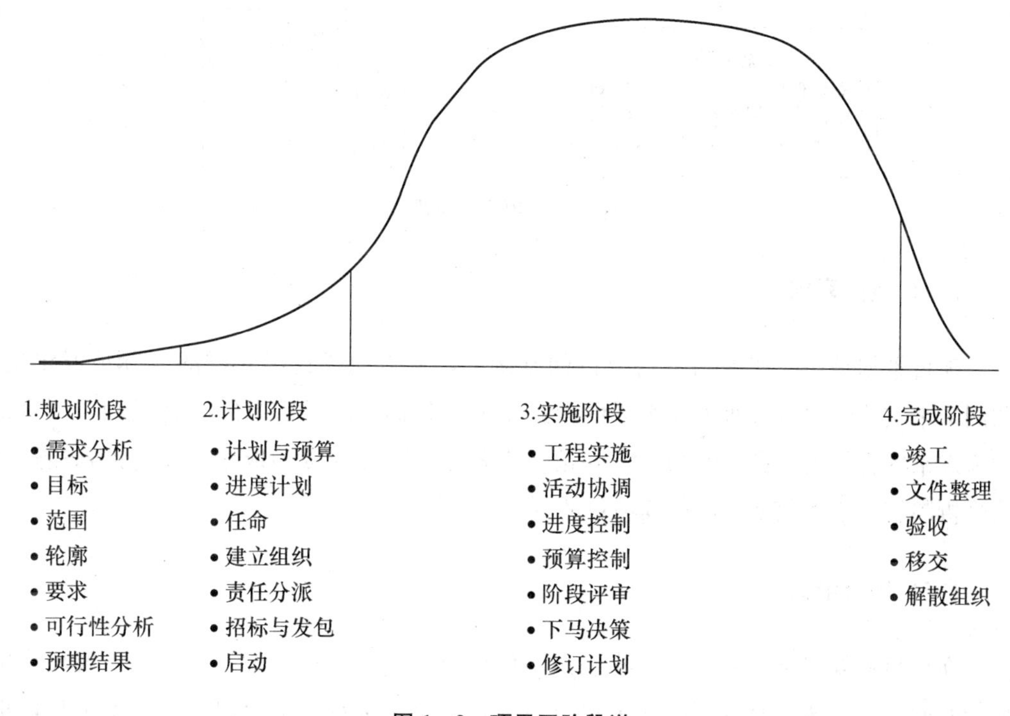

1.规划阶段
- 需求分析
- 目标
- 范围
- 轮廓
- 要求
- 可行性分析
- 预期结果

2.计划阶段
- 计划与预算
- 进度计划
- 任命
- 建立组织
- 责任分派
- 招标与发包
- 启动

3.实施阶段
- 工程实施
- 活动协调
- 进度控制
- 预算控制
- 阶段评审
- 下马决策
- 修订计划

4.完成阶段
- 竣工
- 文件整理
- 验收
- 移交
- 解散组织

图 1－2 项目四阶段说

“项目五阶段说”把项目分为立项阶段、规划阶段、申请阶段、实施阶段和评估阶段等五个阶段，如图 1－3 所示。

二、社会服务项目运作的基本环节

无论是四阶段说还是五阶段说，项目运作的整个过程都包含了项目策划、申请、实施以及评估等基本环节。我们将简单介绍各环节的基本内容，并在接下来的各章节中进行具体的案例分析。

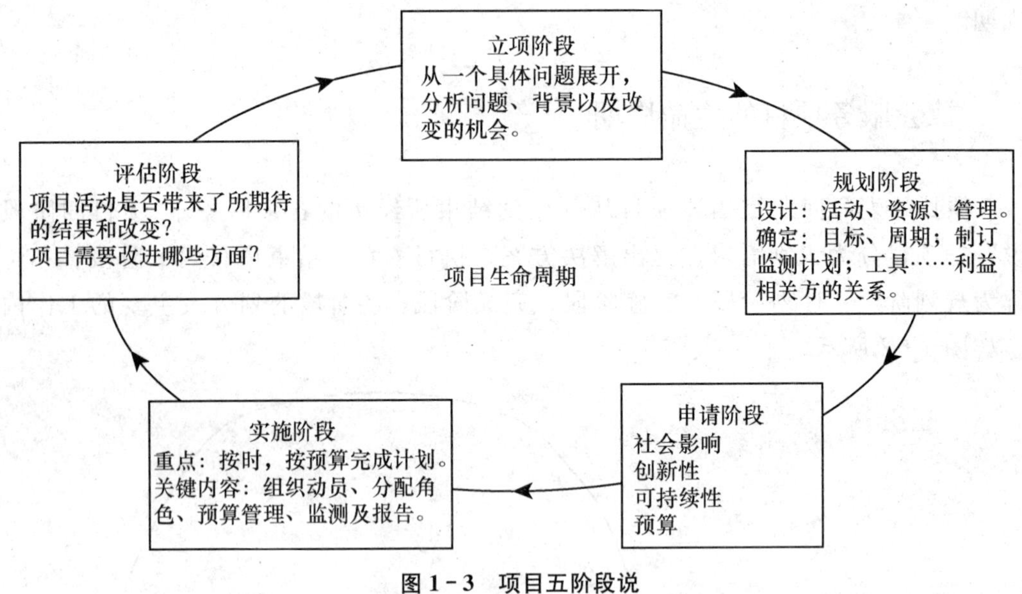

图 1－3　项目五阶段说

（一）项目策划

项目策划是在前期评估资料分析的基础上，从当地或目标人群的实际情况出发，预测未来实施的项目将通过什么样的方式来回应目标人群的需求的一种活动。项目策划为未来的合作提供稳定的预期，并被作为各方行动和问责的依据。项目策划通过风险分析与管理最大限度保证后续项目的顺利实施。

（二）项目申请

在项目策划书撰写完毕后，我们即可依据流程进行项目申报。要注意一般项目申报的时间。在一般情况下，社会组织申报项目都是先进行网上申报。要留意项目申报书样本的格式要求，填写的时候要按照填写说明的要求进行。

（三）项目实施

项目申报成功后，社会服务项目被正式立项，接下来的工作就是要根据项目书制订项目执行方案，执行项目方案的过程就是项目实施。项目实施是方案或者计划从书面转化为现实的必要环节，是服务提供者通过各种方式对服务对象提供服务或干预的过程。服务内容需要与项目计划契合，以保证项目目标的实现。在项目实施的过程中，主要涉及四个方面：

一是资源投放。在服务或者活动中所投放的资源，包括时间、人力、财力、活动物资和设备，这些将有助于服务或者活动的开展。

二是活动和服务。活动和服务数量依据项目计划确定，并受项目成效影响。

三是服务成效。服务成效是活动和服务为个人、家庭、组群、社区和机构所带来的益处和转变，甚至是一些较长远的影响，包括学习、行为和经济状况的改变。

四是理论基础。理论基础指在推行整个活动和服务计划时对服务对象所持的信念、在活动过程中需要遵守的重要原则和理论。

项目的顺利开展除与服务对象密切相关的活动内容执行之外，还需要有项目的日常管理作为保障。项目的日常管理主要包括项目人员（包含项目服务对象）的管理、进度管理、财务管理、档案管理、项目督导、沟通管理、项目宣传和志愿者管理等。

（四）项目评估

项目评估是购买方对项目实施的一种评价，也是检验项目服务成效和资金使用效率的重要措施。项目评估主体一般由购买方、服务对象、相关专家和社区居民组成，也可直接委托第三方机构（专业评估机构、有评估资质或评估经验的社会组织）实施。评估的结果，一方面作为判定服务提供方能否继续承接服务项目的依据，另一方面也有利于推动政府购买服务机制的不断完善。

项目评估存在两种绩效评估的模式：一种是结果导向的绩效评估模式，主要考察政府购买服务的效果，这种模式直接影响到“政府要不要购买服务”的取舍；另一种是过程导向的绩效评估模式，主要包括监测日常活动和评估项目活动，这种模式可以加强政府对提供服务的社会组织的监管，从而有效保证服务的质量。我们在社会服务项目评估的实际操作过程中发现，把两种模式有机结合，成为社会服务项目评估模式发展的新方向，即整合导向的绩效评估模式。当前政府社会服务项目绩效评估模式，正在从结果导向、过程导向的绩效评估模式向整合导向的绩效评估模式转变。①

复习思考题

1. 比较公共项目与社会项目的区别和联系。
2. 社会服务项目的资源来源有哪些?
3. 社会服务项目的生命周期包括哪些阶段?

---

① 郁菁. 政府购买社会组织社会服务项目绩效评估模式研究［J］. 华东理工大学学报（社会科学版），2016（5）：126-132.

推荐阅读书目

1. 方巍，祝建华，何铨. 社会项目评估［M］. 上海：格致出版社，2012.

2. 张书颖. 社会组织服务项目操作指南——以北京朝阳区和丰台区社会组织服务为例［M］. 北京：知识产权出版社，2013.

3. 方巍，张晖，何铨. 社会福利项目管理与评估［M］. 北京：中国社会出版社，2010.

4. 赵海林. 从行政化到多元化：慈善组织运作研究［M］. 北京：中国社会科学出版社，2013.

第二章　社会服务项目策划与申请

本章要点

社会服务项目策划是社会服务项目形成的前提。社会服务项目策划应该遵循社会性原则、可行性原则、经济性原则、灵活性原则和信息性原则。影响社会服务项目策划的因素有组织定位、服务购买方的需求、社会环境状况、机构可利用资源、可能存在的不确定因素等。

在申请社会服务项目之前，需要对特定的目标人群进行需求评估，根据其发展需要有意识地寻找潜在的项目点、项目人群，为项目策划奠定基础。

项目策划的核心是撰写项目策划书。项目策划书亦称为项目申报书，一般包括项目名称、项目基本信息、申报单位详细信息、项目详细信息和申报单位意见。项目申报书是专家评审社会服务项目的主要依据。

社会组织可以申请政府部门、基金会或者企业资助社会服务项目。政府购买服务项目申请方式包括：公开招投标、竞争性谈判和单一来源采购。随着社会服务的发展，服务购买方对社会组织的资质性要求也越来越高。

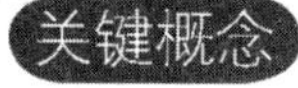

项目策划　需求评估　项目申请　项目申报书

作为社会服务的承接主体，为了提供有效的社会服务，社会服务机构必须根据机构专业服务能力、机构可利用的资源、社会环境等向政府、基金会和企业申请服务项目，或者根据政府购买服务需求、基金会资助和企业资助情况进行项目申报。目前，社会服务项目申报需要提交项目策划书。项目策划书是项目申报的前提，项目策划书包括项目实施单位信息、实施团队、服务对象需求评估、项目实施内容、风险评估、项目财务预算等内容。项目策划书视同服务合同。

第一节　社会服务项目策划的原则和影响因素

一、社会服务项目策划的原则

社会服务项目是社会服务领域的，具有服务性质。在策划社会服务项目时要遵循一定的原则。这些原则包括：社会性原则、可行性原则、经济性原则、灵活性原则和信息性原则。

（一）社会性原则

社会组织提供的服务必须是社会性的，资金来源于政府、基金会和企业，属于社会资金，应该接受社会的监督。社会服务项目必须是社会性的，为社会中的困难群体，如长期无家可归者、精神病患者、独居的老年人、残疾人以及贫困家庭等提供公共服务。社会服务为困难群体提供无偿或低偿的专业性服务，改善其生存状况，帮助其提高抵御社会风险的能力。社会服务不是追求经济效益，而是把社会效益放在首位。

（二）可行性原则

社会服务项目必须符合可行性原则。可行性可以分为主观的可行性和客观的可行性。主观的可行性是指社会组织具有做该项目的知识储备，即以现有的人力的知识结构等能够完成该项目，社会组织在该服务项目领域比较擅长，组织机构的员工比较认同该项目所秉持的理念，项目符合组织的定位。客观的可行性是指项目的策划必须是本机构的人力、物力资源等所能实施的，即在组织机构的能力范围之内，组织机构能达到该项目的目标。

（三）经济性原则

社会服务项目的策划必须符合经济性原则，即项目的实施必须用较少的投入获得较多的社会效益。政府购买社会组织的服务，将公共服务的任务交给社会组织来提供，社会组织必须满足政府以较少的投入撬动更多的社会资源加入的要求，达到比政府自身直接提供服务更好的效果。

（四）灵活性原则

灵活性也可以说是变通性。社会服务项目策划只是一个构想，是一个计划，项目的策划要具有灵活性。在项目的具体实施中，我们有时会发现项目并没有像我们预计的那样发展，有可能达到新的目标，因此策划不是一成不变的教条。比如，资金预算没必要细化到每次活动的每个环节，因为我们在进行活动时，有可能根据所在的地点，或者活动的类型，或者其他现场条件的影响，而进行适当的调整，因此，在策划时必须留有空间。社会服务项目在具体的执行过程中会发生一些调整，因此社会服务项目策划必须体现灵活性的原则。

（五）信息性原则

在进行项目策划时必须考虑国家的政策信息、社会热点信息、具体实施地点的自然地理位置信息以及社会文化信息，这样才能根据实际情况对项目进行合理的策划。如对项目涉及的国家政策要比较清楚，对实施的自然环境状况如小区的位置、布局、社区居委会的位置、多少栋楼等要有大致的了解；同时，对该小区的融合度怎么样、该小区中居民与居委会的关系怎么样，特别是在该小区里有没有我们的服务对象，以及服务对象的数量、分布等都要有个具体的了解。

二、社会服务项目策划的影响因素

社会服务项目的申请是由社会组织根据自己的实际情况和对当前社会问题的分析等来策划自己的服务项目，然后进行申请，服务购买方要通过综合考评后，才能决定是否购买该机构的项目。那么，影响社会组织服务项目选取的因素成为制约其能否成功地“替服务购买方办事”和决定该项目能否顺利进行的至关重要的因素。这些因素包括：组织定位、服务购买方的需求、社会环境状况、机构可利用资源、可能存在的不确定因素等。

（一）组织定位

组织定位强调了品牌的重要性，社会组织的定位也可以理解为社会组织本质的体现。具体体现为：理论定位、角色定位、形象定位及目标定位。以政府购买服务为例，政府购买社会组织的服务，社会组织设计项目来产出社会服务，那么社会组织的定位是在政府的头脑中定位，而非固定在自己的模式中不变，社会组织外在的形式无论发生怎样的变化，在政府头脑中“替服务购买方办事”的本质定位是稳定的，这就是社会组织机构定位。组织定位明确了组织发展的方向、服务的重点领域，从而在行业中形成明显的特色，比如有些社会组织比较擅长青少年服务项目，有些组织则定位在司法社会工作领域。

（二）服务购买方的需求

服务购买方是服务项目所在地的组织和社区。社会组织在执行项目时必须考虑到服务购买方的需求。如某社会工作机构在进入温馨家园社区为残障人士提供专业的服务时，必须考虑到服务购买方也就是温馨家园社区的具体要求，也要考虑到社区负责人的具体要求。社会组织的工作人员首先要遵守温馨家园社区的规章制度，认真考虑社区希望服务提供方能给服务对象带来什么改变、社区对服务提供方所进行的工作有什么看法或建议等。服务购买方的需求的满足，是项目能够落地的重要保证，否则项目在执行过程中将遇到很大的阻力。

（三）社会环境状况

社会服务项目选择必须考虑社会环境的状况，包括具体的政策环境和所处的人文地理环境、文化环境等。首先，在项目设计时必须找准自己的理论定位，响应国家现有的政策，不能与国家的政策背道而驰。其次，要注意项目实施地是否在社会组织所在辖区，如果在外辖区，需要考虑如何处理与当地政府部门和社区的关系，还要考虑到项目实施地的文化氛围。除此之外，社区的社会融合度、社区内居民与社区服务中心的关系等社会环境也需要考虑。这些都实际影响着社会组织服务项目的选取。

（四）机构可利用资源

社会组织可利用的资源，包括物力资源和人力资源等。机构的规模大小、注册资金多少、现有资金情况等物力资源因素影响着社会组织服务项目的选取。机构的人力资源构成，包括人员数量、学历结构、专业结构、男女比例、年龄结构等也都影响着项目的选取。如妇女社会工作，在通常情况下，做此项工作的最好是女性而不是男性，因为女性之间比较容易彼此理解，涉及的话题也是共同关注的问题。

（五）可能存在的不确定因素

社会组织服务项目的选取必须考虑到可能存在的不确定因素，如时间的变动、地点的限制、机构内人事的变更以及服务对象需求的变化等。

第二节　社会服务项目需求评估

社会组织在申请社会服务项目之前，应该对特定的目标人群有较深入的了解。社会组织应根据其发展需要有意识地寻找潜在的项目点、项目人群，为项目策划奠定基础。最好通过对社会服务需求的了解，形成对特定群体需求的认识，在项目申报之前便领先于其他社会组织；或者在需求分析的基础上，形成项目方案，直接和相关政府部门、慈善组织或者企业联系，推销项目方案，引导政府部门、慈善组织或者企业资助项目。需求评估的流程见图 2-1。

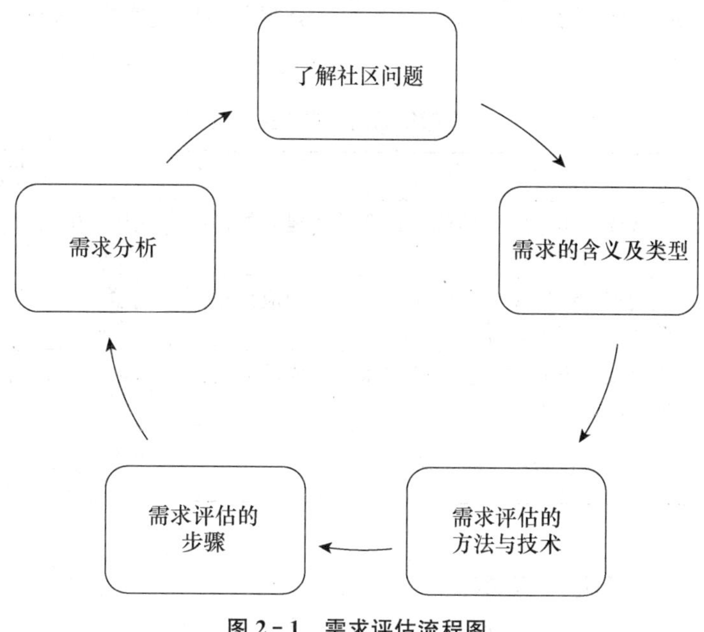

图 2-1　需求评估流程图

一、了解社区问题

识别社区问题的一个明显标志和重要阶段就是居民或社区团体对于该问题的觉醒，即社区内的大量居民意识到某些情境或状况是需要改变的，或是当“个人的不满”已扩大至“受到广泛关注”。当问题“受到广泛关注”时，这个问题便成了社会问题，它的存在和发展与社会结构具有一定关联性，这就需要我们去了解这些社会问题的成因、发展过程，从而找到解决问题的方法。

二、需求的含义及类型

需求是人脑对于生理和社会需要的反映，是个体对于内部环境和外部生活条件的稳定要求。需求是人类一切活动的出发点和归宿。需求可以分为个人需求和社会需求，当个体皆有某种需求时，这种个人需求就转化为社会需求。人的需求具有社会性，它的发展变化受到社会生产的制约，人的需求的实现方式受到生产和生活方式的制约。社会政策主要关注人的基本需求，即对个人来说是为了达到一个社会中基本的生活水平而必须满足的条件，这种基本需求的满足不应该受到其支付能力的限制，个人的基本需求未能达到该社会认为应该达到的标准，会引发各种问题。

英国学者布莱德萧认为存在四种类型的需求①：规范性需求、感觉性需求、表达性需求、比较性需求（见表 2－1）。这一分类在社会服务中比较实用，较有可能得到准确的测量和分析。

表 2－1　布莱德萧的需求类型

需求类型	定义	范例
规范性需求	个人或群体实际生活低于社会已经建立的标准而产生的需求。	比如，生活水平低于贫困线的家庭。
感觉性需求	人们切身地感觉到实际生活未能达到应该达到的水平而产生的需求。	比如，自认为健康状况不佳的人群。
表达性需求	通过某种方式向社会表达出来，并要求改变这种状况的需求。	比如，弱势群体的请愿活动。
比较性需求	通过横向比较产生的需求。	比如，获得的产品或服务比同类的其他人少。

三、需求评估的方法与技术

（一）运用现有资料进行评估

进行需求评估时，二手资料的价值也非常重要。这些资料不仅有用，而且在时间和资源有限时，往往能够提供最有效果和最具效率的评估。这些二手资料包括政府调查统计所发布的统计数据、特定领域或相关议题的研究发现等，能够从多角度为评估社会问题和需求提供重要信息。二手资料虽然对于需求评估仍会有一些限制，但对于

① 关信平．社会政策概论［M］．北京：高等教育出版社，2004：27.

规范性需求的界定能够提供借鉴。

（二）对社区供给资源进行调查

要调查清楚社区有哪些可以供给的、用于服务于目标人群的资源，明确社区供给资源的特性。

（1）服务供给者：谁可以提供服务？

（2）服务地点：在哪里提供服务？

（3）服务内容：提供什么样的服务？

（4）服务容量：提供多少服务？

（5）服务资格：受什么样的服务资格限制？

这是基于社区供给层面做的分析，虽然不一定能显示需求面，但有助于认识资源与需求是否脱节，有助于有效地利用资源。

（三）通过定量研究方法进行分析

在需求评估中，社会调查方法的使用更能够体现证据为本的社会工作实践的理念，并且也是更为强有力的需求评估方式。社会调查主要有两个重点：一是确认受访者对需求的感受，从而详细地描绘出目标人群的有效信息，使需求更加明确和清晰；二是对现有服务状况加以了解，以显示使用服务在资金、区位空间或心态上所遇到的障碍。社会调查方法包括通过问卷、量表、实验等方式收集数据，然后对定量资料进行统计分析等。

（四）采取定性研究方法获取资料

前面提出的定量方法能够较为客观地呈现出需求的现状，而通过定性研究的方法能够针对某些特定的需求或问题获取更为详尽而结构化的资料。

1. 焦点小组访谈

焦点小组访谈作为一种定性研究方法，能够带来针对某一社会问题的具体资料。焦点小组一般由一个经过训练的主持人组织，把一些事先选定的人召集起来讨论一个特定的问题或主题，能够为特定的问题和主题提供大量的深入了解。这种方法的价值在于常常可以从自由进行的小组讨论中得到一些意想不到的发现。

2. 知情者调查

通过知情者调查能够对社会问题的严重性和重要程度进行评估。识别主要知情者的一个有效的方法是滚雪球抽样，即通过最初的几个知情者联系他们认为对所研究问题很熟悉的其他知情者，这些知情者群体是项目的现有对象和新项目的潜在对象，对问题的特点和需求有较为深入的了解。

3. 社区会议

通常以公开会议的方式进行，邀请目标社区或地域的居民参与，并由与会者提出与需求相关的意见。社区会议最大的好处在于符合民主的决策过程，并且为居民提供社会参与和发声的途径，同时也能够澄清需求相关议题，但策划者需要在举办社区会议之前做较多的准备工作。

机构在决定使用哪种评估方式来收集需求资料时，应留意每种方法的独特性和不足，采用不同的需求评估方法，更准确地了解社区的需求。

四、需求评估的步骤

进行需求分析，目的在于明确社区的问题和需求，厘清社区的资源、服务目标和受益人群，确保服务能够更贴近服务对象的需求。彼得·德鲁克指出，非营利组织需要市场知识，需要制订一个包含长期和短期目标的营销计划，即需要承担起营销责任，需要严肃认真地满足客户需求。这不是说我们知道什么东西适合客户，而是说要知道什么是他们认为有价值的东西以及如何把这些东西送到他们手中。[①]

需求评估的主要步骤，一是界定服务人群，即对哪些人群进行需求评估，如是老年人还是单亲家庭；二是描述服务人群的特征，涉及人数、地理分布及其人口学与社会学特征（年龄、性别、身体状况、经济状况、精神状况、家庭状况、社区状况、社会关系状况）；三是识别需求，了解目标人群中存在的问题，分析问题产生的背景和原因，以及问题存在的广泛性和需求的迫切性；四是介绍现行政策和社会力量对此的努力和进展；五是提出可能的解决方案，社会组织（或者本项目）可以介入的途径和方式。

第三节　社会服务项目策划流程

一、项目策划

项目策划是在前期评估资料分析的基础上，从当地或目标人群的实际情况出发，

---

① 德鲁克. 非营利组织的管理［M］. 北京：机械工业出版社，2009：45.

预测未来实施的项目将通过什么样的方式回应目标人群的需求的一种活动。项目策划为未来的合作提供稳定的预期，并作为各方行动和问责的依据，通过风险分析与管理最大限度地保证后续项目的顺利实施。在项目的申请之前，我们需要经过一系列的流程来完成项目的策划（见图 2－2）。按照流程进行策划，是项目申请的基础。

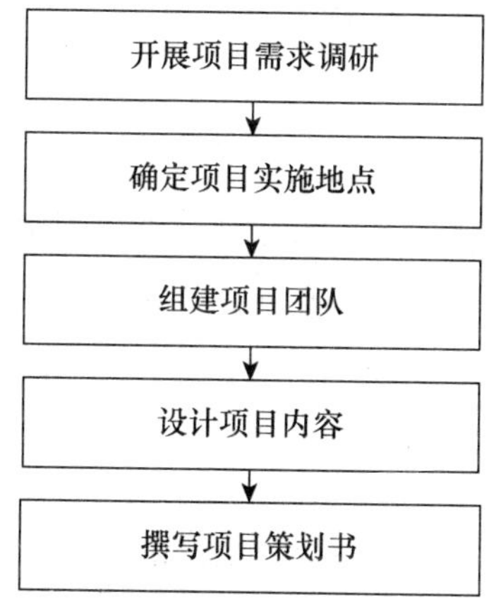

图 2－2　项目策划流程

一是开展项目需求调研。项目需求调研是对社会服务项目的目标人群的实际需求进行调查研究，了解目标人群的数量、基本特征、具体需求或问题状况，以及这种目标是否需要社会干预。

二是确定项目实施地点。项目需求调研完成后，就要确定项目的具体实施地点。地点的选择应该符合典型性特征，即目标地域中有足够的符合要求的目标人群，项目既满足了服务对象的需要，也满足了该地区的需要。

三是组建项目团队。组建项目团队首先要明确项目服务对象的人数，以匹配足够完成项目的人数，同时保证机构目前的人力资源能够支撑起项目的需求。其次，要考虑团队成员的个人能力，选择项目需要的人才。最后，要保证团队成员能够有足够的精力完成项目。

四是设计项目内容。完成了上述任务之后，就需要具体设计项目内容，主要包括具体的项目背景、项目的目的和具体的目标、项目产出和投入、需要完成的任务、项目预算、项目效果及风险评估等。

五是撰写项目策划书。撰写策划书是项目策划的最后一项内容，也是申请环节的第一项内容。项目运作的各个环节是彼此相扣的。项目策划书亦称为项目申报书，不同地区、不同级别、不同组织的申报书样本各有不同，但基本上包含了几个方面：封面、目录、项目概要、机构介绍、项目描述、项目预算及附件。

二、项目申报书的撰写

项目申报书一般包括：项目名称、项目基本信息、申报单位详细信息、项目详细信息和申报单位意见（项目申报书见附录1）。

（一）项目名称

项目名称是项目封面的主要内容，宜采用“服务品牌＋项目内容”的格式。服务品牌是对项目内容的提炼，文字简洁，有内涵，便于记忆，一般字数为3～7字。项目内容主要反映项目的服务对象和服务内容。使用这种项目名称格式，有助于建立社会服务机构的服务品牌（见拓展阅读2-1）。

拓展阅读2-1 **项目名称示例**

乐益汇——女性社会组织培育项目
彩虹伞——青少年自护教育计划
微孝天使——临终关怀项目
守望互助——老来乐组合项目
暖心行动——失独家庭服务计划
凤栖梧桐——外来媳妇家庭融入项目
医路同行——困难患者社工援助计划
青春家园——困境青少年社工服务项目
耆暖计划——关爱老人社会工作服务项目
创梦彩虹——贫困单身母亲创业就业支持项目方案
乐活姐妹淘——城市低龄退休妇女融入社区生活项目
蒲公英阳光行动——流动儿童成长关爱计划

（二）项目基本信息

主要包括：**一是社会组织的信息**，如组织名称、成立时间、登记证号、年检情况、社会组织等级、银行账号、通信地址、项目负责人和联系人、机构获得荣誉等，主要反映社会服务机构的资质；**二是项目预算信息**，介绍资金来源、申报资金和配套资金的支出明细（见拓展阅读2-2）；**三是项目概述**，包括服务理念与方法、服务对象与内容、服务模式、服务过程、服务目标等，要求语言精练[①]，从专家评审的角度来看，字数不宜多，准确表达意思即可（见拓展阅读 2－3）；**四是项目特色**，主要介绍项目的创新性、示范性和可推广性，撰写项目特色时，要能够提炼出项目实施模式（见拓展阅读 2－4）。

拓展阅读 2－2　　**项目预算填写注意事项**

1. 申报资金。建议把项目活动分解为个案服务、小组活动和社区活动三大类。个案服务报价：计划服务人数×平均次数×个案服务的价格（包括督导的费用）。小组活动报价：小组规模×小组活动次数×每次活动平均费用。社区活动报价：社区活动次数×每次活动平均费用。项目预算就比较简单，非社会工作类项目可参考社会工作项目资金预算方式。

2. 配套资金。在项目评审时，配套资金往往是加分项。有些社会组织较难获得政府的配套资金，可以填写本单位配套资金，以培训或劳务形式来配套，从而避免因没有配套资金导致没有加分。

拓展阅读 2－3　　**项目概述示例**

服务理念与方法：运用社会工作"助人自助"的理念和个案、小组及社区的工作方法。

服务对象与内容：帮助单亲、贫困家庭青少年和孤儿解决生活、学习、交往和心理问题，顺利完成社会化。

服务模式："专业社工＋社区工作者＋义工"相结合的"三工模式"。

服务过程：从学业辅导入手，建立结对帮扶关系。发现有问题的对象，运用社工方法分类解决。

服务目标：实现困境青少年生活的改善，包括形成健全的人格、良好的生活习惯、良好的人际关系、勇于面对挫折的能力。

拓展阅读 2－4　　**项目特色示例**

项目提出公益目的是改变，而非简单"帮扶"。项目用增能理论解决困境青少年问

---

① 目前项目申报对每个部分都有明确的字数要求，不要求长篇大论。比如，江苏省社区公益创投项目规定项目概述在 200 字以内，但不严格限制；民政部中央财政支持社会服务项目采用网上申报，每个部分都有明确的字数限制，项目内容要求在 200 字以内，多 1 个字，审核就无法通过。

题。强调社工的任务协助，而不是指导，重在帮助服务对象学习和应用知识、技能来改变自身的处境，从而实现增能。

项目采用“专业社工+社区工作者+义工”的模式。引进专业方法，整合社会资源，形成家庭、社区、社会组织多方参与，以成功教育、抗挫教育为内容，以青少年健康成长为目标。这种模式具有示范性，也具有推广性。

（三）申报单位详细信息

主要包括单位基本情况、负责人信息、本单位开展过的公益服务项目和执行过的同类项目。在本单位开展过的公益服务项目方面，要能够写出本单位在开展公益服务方面的特色。在执行过的同类项目方面，要尽量填写正式资助公益创投项目，如各级民政、妇联等部门正式发布、公开征集和资助的创投项目，如果没有这些资助的公益项目，可以填写本单位自筹资金开展的同类公益项目。

（四）项目详细信息

包括需求分析、受益群体描述、项目实施计划、风险预防与应对、项目执行团队。需求分析主要从某一类群体存在什么问题、此问题形成的原因和介入方法三个角度来阐述。受益群体描述包括受益群体的人数、特征和需求。项目实施计划包括项目主要内容和进度安排、实施时间、地域、服务对象及人数，其中，项目内容要有分层，项目内容与实施方案以及财务预算要能够很好地结合起来。在风险预防与应对方面，风险贯穿整个项目周期的全过程，需要加强风险管理。要能够对未来项目中可能的负面影响进行分析、预测，针对不同类型的风险准备相应的应对措施。在项目执行团队方面，项目团队成员构成要符合项目内容，如果是社工项目，应该有社工师参加，如果是心理咨询项目，要有心理咨询师参加。

1. 需求分析

需求分析主要说明项目针对的问题，分析其产生的背景和原因，以及问题存在的广泛性和需求的迫切性；介绍现行政策对此的努力和进展、社会组织（或本项目）可以介入的途径或方式（见拓展阅读 2-5）。

拓展阅读 2-5　　困境青少年需求分析示例

主要问题：经济上贫困、自卑、存在交往障碍、学习困难等。

主要成因：一是家庭教育方式不当；二是缺少社会交往；三是主观自我封闭；四是自我实现的机会低。当前对这些群体更多关注生活上的困难，在学习能力、心理健康、成功教育和抗挫力等方面缺少关注。

主要介入方法：一是重建支持系统，搭建交流平台；二是鼓励参与，增加自我认同与社会认同；三是提升学习技能，提高自我认同。

2. 受益群体描述

受益群体描述要清晰界定本项目服务的人群，并提供其数量、基本特征、具体需求或问题状况等信息（见拓展阅读 2-6）。

拓展阅读 2-6　　受益群体描述示例

服务对象：××市××区单亲家庭青少年、低保家庭青少年、孤儿、经济困境家庭青少年。

服务对象人数：50 人。

服务对象特征：自卑、存在交往障碍、学习困难。

服务对象需求：能够认识以上问题，希望在这些问题上有所改善。

3. 项目实施计划

项目实施计划包括项目实施的主要内容、实施地域、时间、详细的资金安排等。项目实施计划主要包括三个部分，一是主要内容，二是实施计划，三是资金安排。其中，项目主要内容要有层次。对于服务对象的问题需要通过不同层面来解决，这就需要我们在项目策划中必须考虑到这些层面，在设计实施计划时，要能够反映介入的不同层面。下面我们以困境青少年社工服务项目实施计划为例进行介绍。项目实施计划将 1 年期的项目分为五个阶段，每个阶段安排相应的服务内容和服务指标，在依据服务内容的基础上，测算服务所需要的资金。此计划仅供参考（见拓展阅读 2-7）。

拓展阅读 2-7　　困境青少年社工服务介入的五个层面

1. 从青少年发展阶段切入的个人培养计划；
2. 从青少年潜能和能力切入的未来发展计划；
3. 从朋辈方面切入的“青春你我同行”计划；
4. 从家庭方面切入的“温暖港湾”计划；
5. 从社区方面切入的“我们是一家”计划。

项目实施计划需要依据申报资金支出明细来制订，申报资金支出明细一般是将服务内容分类，并测算资金。困境青少年社工服务项目申报资金共 9 个社会服务支出类别，可以大致测量每个类别的服务资金，比如，社区宣传活动每次 2 000 元，小组活动每次 3 000 元，然后再依据次数计算每个支出类别的总金额，这样的资金测算就比较简单明了（见表 2-2）。此项目实施计划是一个粗线条的实施计划（见表 2-3），项目获得批准实施后，还需要进一步细化服务内容。

表 2-2 申报资金支出明细

社会服务支出（以受益对象为单位编制预算）	金额（万元）
（1）社区宣传（2 次）	0.4
（2）个案服务（50 次）	4.0
（3）小组活动（16 次）	4.8
（4）志愿者招募与管理（3 次）	0.6
（5）家庭慰问	0.8
（6）社区联系、入户走访和档案管理	0.5
（7）能力展示（3 次）	0.9
（8）学业辅导	2.4
（9）春/秋游（2 次）	0.6
合计	15.0

表 2-3 项目实施计划

时间	服务计划	指标	金额（元）
第一阶段（6 月）	1. 社区宣传活动	2 次	4 000
	2. 建立与社区的联系	5 个社区	8 000
	3. 社区走访与探访	50 户	
	4. 建档	50 个	
	5. “义路同行”系列活动	1 次	2 000
第二阶段（7—8 月）	1. 开展兴趣小组	1 个	3 000
	2. “我知我心”自我探索小组	1 个	3 000
	3. “青春你我同行”人际交往小组	1 个	3 000
	4. 暑期自护教育小组	1 个	3 000
	5. “欢乐假期”学业辅导	8 周	16 000
	6. “我行我秀”能力展示小组	1 次	3 000
第三阶段（9—12 月）	1. 手工坊	2 个	6 000
	2. 个案辅导	30 次	2 400
	3. “边学边玩”提升学习动机小组	2 个	6 000
	4. “我能行”自信心小组	1 个	3 000
	5. “我的未来我做主”生活规划小组	1 个	3 000
	6. “亲亲我的宝贝”家庭工作坊	2 次	6 000
	7. 向日葵晚辅导	60 次	2 400
	8. “义路同行”系列活动	1 次	2 000
	9. “我行我秀”能力展示小组	1 次	3 000

第四阶段（1—2月）	1. “寒假乐多多”学业辅导	2周	4 000
	2. “老少乐”家庭工作坊	1次	3 000
	3. 家庭慰问	1次	5 000
第五阶段（3—5月）	1. “行为偏差矫正”自我行为管理小组	1个	3 000
	2. 春游	2次	6 000
	3. 个案辅导	20次	16 000
	4. 手工坊	2次	6 000
	5. 向日葵晚辅导	40次	1 600
	6. “义路同行”系列活动	1次	2 000
	7. “我行我秀”能力展示小组	1次	3 000
	8. 项目总结		

4. 风险预防与应对

要从项目本身出发去思考可能的风险，并依据此风险提出相应的对策建议。在实际工作中，要不断提醒管理者和服务人员增强风险意识（见拓展阅读 2-8）。

拓展阅读 2-8　　困境青少年服务的风险及应对措施

1. 消极参与。应对措施：分析青少年不参与的可能原因，一是青少年自身原因，二是项目本身原因，三是活动出现人际问题。

2. 青少年的安全问题。应对措施：在最初要进行安全知识讲座，加强安全教育。

3. 活动过程中的冲突。应对措施：每次活动都要安排相应数量的社工人员参加，注意成员的情绪变化；当冲突发生时，及时阻止，及时了解情况、解决问题。

4. 项目服务人员的专注与协调合作问题。应对措施：增加业务培训和社会工作方法训练，提升工作人员的专业素养；建立完善的项目运作架构，增强整体合力。

第四节　社会服务项目申请

所谓的社会服务项目申请，是指社会组织向政府部门、基金会和企业等资助者申请资助社会服务的过程。

一、社会服务项目申请途径

社会组织由于机构的规模和资金的有限性，往往需要向政府机关、基金会和企事业单位进行筹资。这种筹资通过社会服务项目申请来实现。社会组织根据自身发展的需求或满足政府、基金会和企事业单位的需要，确定目标人群，并设计符合三方需求的项目策划，以获得项目资金。目前社会组织申请项目的途径主要有以下几种。

（一）公益创投

公益创投起源于欧美，是一种新型的公益资本投入方式。主要是为初创期和中小型的公益组织提供“种子资金”。除提供资金之外，公益创投还会为公益组织提供管理和技术支持，通过与被投资者建立长期的合作伙伴关系，达到促进公益组织能力建设和模式创新的目的。公益创投的流程主要是项目资助方发布公益创投信息，社会组织根据公益创投公告，撰写项目申报书，并提交给资助方，由资助方组织专家进行评审，评审结果向社会公示。根据评审结果，资助方向社会组织提供相应资金，社会组织根据项目申报规定的任务开展相应服务。资助方在项目周期结束后，委托相应部门或者第三方组织进行评估（见图 2－3）。

图 2－3　公益创投流程

在公益创投项目中，资助方一般要求社会组织必须把资助方的资金全部用于针对服务对象的服务，并且不得收取管理费用。例如，资助方资助 10 万元，社会组织必须把 10 万元全部用于服务对象的服务支出。公益创投项目往往是一次性的，因此公益创投对于社会组织提升服务能力、增加服务经验具有一定的意义，但不利于社会组织持续发展。

（二）政府购买服务项目

政府购买服务为政府与社会组织搭建了双向互动的平台，二者通过项目联结在一起，并形成分工负责、合作治理的新格局。在此治理格局中，政府发起项目、制定规则、提供资金并进行监督管理，社会组织抓包并提供服务以获取政府的项目资金。在整个项目的打包、发包、抓包、执行和评估过程中，政府对社会组织的影响和规制表现得极为丰富。

一是公开招投标。公开招投标是指政府将资助项目的评审工作委托给政府招投标平台，由其面向社会公开招标、投标，并将评审结果反馈给政府即采购方，由政府实施审批的活动的总称。招投标面向全社会所有符合条件的供应商，过程公开、透明，易于被监管，招标人也更容易挑选到令自己满意的服务供应商。

二是竞争性谈判。竞争性谈判，是指采购人或者采购代理机构直接邀请一家以上供应商就采购事宜进行谈判的方式。竞争性谈判可以缩短准备期，减少工作量，有利于提高工作效率，减少采购成本，供求双方能够进行更为灵活的谈判，可以降低采购风险。

三是单一来源采购。单一来源采购是指对某一特定的商品进行采购，因此也被称为直接采购，或者定向采购，通常仅限定于对货物和服务的政府采购。相对于公开招投标和竞争性谈判而言，单一来源采购几乎没有竞争可言，容易滋生各种问题，因此 2014 年修订的《中华人民共和国政府采购法》对单一来源采购做了严格的限定。

（三）慈善组织资助的社会服务项目

《中华人民共和国慈善法》第六十一条规定："慈善组织开展慈善服务，可以自己提供或者招募志愿者提供，也可以委托有服务专长的其他组织提供。"慈善组织委托其他组织开展服务，可以通过公开竞争或者直接委托等方式。社会组织也可以为自己策划的项目向慈善组织申请资助。

（四）企业资助的社会服务项目

企业通过资助社会组织开展社会服务项目，履行企业的社会责任。2013 年万禹国际广场出资向福建省厦门市湖里区霞辉老年社会服务中心购买的"关爱老人·善行天下"居家养老社工服务项目，成为厦门市首例由企业出资购买的社会工作服务项目。

随着政府职能转移和政府向社会力量购买服务的推进，政府向社会力量购买服务会逐渐增多，社会组织需要关注这些政府购买社会服务的信息，积极参与竞争，不断壮大自身实力，提升服务能力，从而增加社会服务的有效供给。我们不能仅关注民政部门，也要关注残联、妇联、共青团、工会等群团组织，还要关注司法局、政法委、人社局、卫计委等政府部门的购买社会服务信息。此外，也应该关注慈善组织（包括国外慈善组织）的资助项目，还有企业的资助信息。

二、社会组织的资质性要求

无论是公益创投还是政府购买服务，服务购买方都会对社会组织进行资质性审查，资质性审查的目的在于确认社会组织能否承接社会服务项目。资质性审查就是确认社会组织申请社会服务项目的准入条件。资质性要求主要包含以下两个方面。

（一）实质性证明文件（必须具备）

（1）在各级民政部门注册登记且前两年年度年检合格（提供能够反映年检信息的登记证书副本复印件，原件备查）。

（2）有相应的配套经费来源（提供配套资金承诺书）。

（3）有独立的银行账户（提供银行开户许可证复印件）。

（4）有专业社工参与项目执行（提供专业社工的中华人民共和国社会工作者职业水平证书复印件，原件备查）。

（5）针对专业社会工作服务项目投标，机构专职工作人员中应有 1/3 以上取得社会工作者职业水平证书或社会工作专业本科及以上学历（提供投标机构专职工作人员花名册、为专职工作人员缴纳社保的记录证明及专业社工职业水平证书复印件或学历证明）。

（6）有开展社会公益服务项目的经历，反响良好（提供民政部门出具的证明材料，证明材料要反映已核实过的项目名称和实施时间，或者提供优秀服务案例或项目证明等）。

（7）有专职财务人员（能提供会计从业人员资格证书和社会保险的记录证明）。

（二）非实质性资格证明材料（可以具备）

（1）社会组织评估等级证明、荣誉证书等相关材料复印件。

（2）配套资金证明文件复印件。

（3）新闻媒体对社会组织或本项目的宣传报道资料。

社会服务项目申报对社会组织的资质要求越来越高，从对申报书的重视转向对资质的强调。在项目申请中，在资质方面采用加分制。例如，社会组织等级 5A 加 3 分，4A 加 2 分；再如，有 5 个专职社工加 3 分，有 3 个以上加 2 分等；对承接项目多少也有加分的规定。招投标要求社会组织提供社保记录证明，直接把大量没有缴纳社会保险的社会组织排除在外。从长远来看，社会组织不仅要做好服务，更要提升自身的资质（见拓展阅读 2-9）。

拓展阅读 2-9　　提升社会组织资质的主要方式

一是积极参加社会组织的等级评估，提升社会组织等级。

二是加大宣传力度，通过报纸、电视、网站、微信公众号等媒介宣传组织和活动。

三是积极申报各种荣誉和奖项，关注民政、妇联、共青团、文明办等评奖。

四是加强专职队伍建设，特别是聘用专业人员，包括财务人员，购买社会保险，走专业化和职业化发展道路。

三、社会服务项目申请的一般流程

对于社会组织而言，项目申请是一个项目的重要开端，因此，在我们做好了前期调研和项目设计之后，按照服务购买方的要求进行项目申请就成了重中之重。项目申请以购买方为主导，由第三方机构承接并组织相关的招投标工作，社会组织需要做的工作是让自己的项目设计与购买方的需求相适应，从而获得项目资金的支持。社会服务项目申请的一般流程见图 2-4。

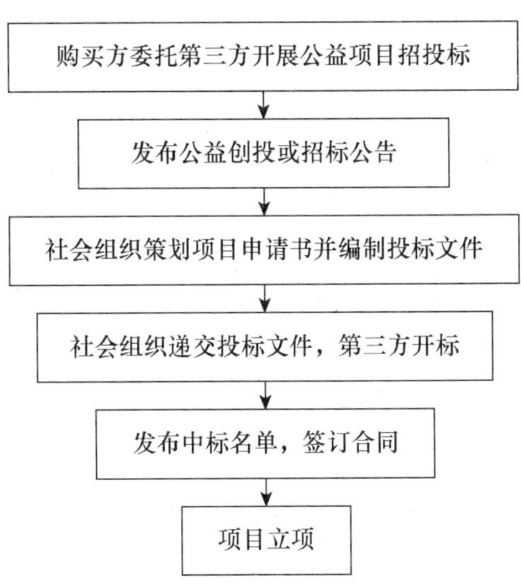

图 2-4　社会服务项目申请的一般流程

四、专家评审

社会组织按照要求准备投标文件，装订好投标文件后，需要将投标文件按照规定的要求进行封装，并根据第三方的要求参与投标文件的递交和响应。第三方会按照购买方的要求和项目需要组建专家评分组，对所有符合要求的社会组织所递交的投标文件进行评选。

项目评选一般有两种方式：**一是资质前审**，即在评选过程中，先对社会组织的硬性资质如开户许可、法人证明、社保、会计等进行审查，不满足购买方要求的社会组织，其投标文件将被直接退回，符合要求的社会组织进入项目评选环节；**二是资质后审**，流程与资质前审相反，先对项目进行评选，而后查看通过评选环节的社会组织的资质情况。

在项目评选阶段，专家评选标准一般包含以下几方面：

（1）项目所涉及的社会需求具有广泛性，有一定比例的人群遇到相同的社会问题。

（2）项目所解决的社会问题具有明显的迫切性，服务对象自身难以解决，又无力从市场购买服务，需要公益服务的介入。

（3）项目要针对明确的受益群体，具体的服务对象是明确的，解决其问题是具体的。

（4）项目具有创新性。一是理念的创新性，比如强调助人自助，或者推动社区资本的建立；二是视角的创新性，即对项目服务对象及其问题以全新视角进行深入描述和分析；三是实施方式的创新性，即以新的方式解决社会问题；四是模式的创新性，如采取“社工＋社会组织＋社区”联动模式等。

（5）项目具有可操作性。项目实施具有现实性，具备良好的社区基础和群众基础，符合政府相关政策导向；项目预算合理，有准确的资金预算支持项目的运作（已经有企业提出冠名捐赠的，同等条件下优先入围）。

（6）项目具有可持续性，具有清晰的发展模式或获得潜在的资金支持。

（7）项目具有可复制性，其运作模式可形成一套标准化模式，可以在条件类似的区域进行复制推广。

（8）项目具有强大的执行团队。执行团体具有较好的职业性、专业性水准；具有项目实施的相关经验；人员配置及分工具有合理性；有对风险的预测和解决问题的能力；有较强资源整合的能力。

复习思考题

1. 社会服务项目策划的原则和影响因素有哪些？
2. 社会项目申报书包括哪些内容？
3. 如何提升社会组织的资质？

4. 专家对项目进行评审的标准是什么？

推荐阅读书目

1. 德鲁克. 非营利组织的管理［M］. 北京：机械工业出版社，2009.

2. 大爱之行全国项目办公室. 社会工作项目管理手册［M］. 北京：中国社会出版社，2016.

3. 韩俊魁. 非营利组织项目管理［M］. 北京：社会科学文献出版社，2015.

4. 刘凯茜，彭建梅，刘佑平. 政府购买社会组织服务操作指引［M］. 北京：中国文史出版社，2016.

5. 谢寿光. 跨界对话：公益项目实战宝典［M］. 北京：社会科学文献出版社，2016.

6. 项目臭皮匠. 项目百子柜：一本社工写给同行者的工具书［M］. 北京：中国社会出版社，2017.

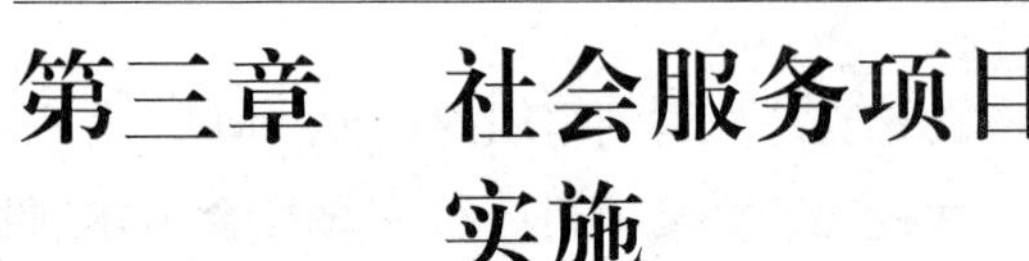

第三章　社会服务项目实施

本章要点

项目正式立项后，就进入了具体的任务执行阶段。由于主客观原因，项目很难完全按照策划书付诸实施，需要在实施环节对项目进行微调。项目微调一般会从服务对象、服务内容和服务资金三个方面进行。在项目微调后，应确定项目的执行方案，按照执行方案实施服务项目。在项目实施前，需要对项目负责人选取、项目实施协调会、项目监管、项目执行、人员激励、问题反馈、紧急事件的处置等要素进行通盘考虑，保证项目执行环节按照项目书的要求有序开展。

项目实施过程中的重要内容就是对项目的常规管理。项目常规管理主要涉及人、财、物三个方面，根据这三个方面，社会服务项目常规管理具体可以分为人员管理、进度管理、档案管理、财务管理、物资管理、宣传管理、项目督导、沟通管理和志愿者管理九个方面。

项目实施表格是一种标准化记录方式，可以为项目实施提供指引，同时也有利于项目执行的标准化。常用的项目表格有社会工作类、心理咨询类、婚姻家庭咨询类等。

关键概念

项目微调　项目执行　项目任务分解　项目常规管理

申请社会服务项目之后，就需要社会组织组织力量实施。实施阶段会涉及项目执行方式、日常管理工作。

第一节　社会服务项目实施初期工作

再好的项目书，没有被执行，也只能是空中楼阁。服务方案设计完毕，待项目正式立项后，项目就进入了具体的任务执行阶段。方案设计和任务执行需要很好的衔接，只有在实施环节严格按照项目要求开展服务，才能最终实现项目目标。

一、项目内容调整

由于主客观原因，项目很难完全按照策划书付诸实施，需要在实施环节对项目进行微调（见表3-1）。

表3-1　　项目实施计划调整表

项目执行单位（盖章）：　　　　　　　　　　　　项目编号：

<table>
<tr><th colspan="5">一、项目基本信息</th></tr>
<tr><td>项目名称</td><td colspan="4"></td></tr>
<tr><td>项目简述
（300字以内）</td><td colspan="4"></td></tr>
<tr><td>调整缘由</td><td colspan="4"></td></tr>
<tr><th colspan="5">二、项目服务实施目标/计划调整情况</th></tr>
<tr><td>直接受益对象、人数</td><td colspan="4"></td></tr>
<tr><td>间接受益对象、人数</td><td colspan="4"></td></tr>
<tr><td rowspan="4">活动
计划</td><td>序号</td><td>活动名称</td><td colspan="2">活动计划（活动时间、地点、形式、参与对象和人数）</td></tr>
<tr><td>1</td><td></td><td colspan="2"></td></tr>
<tr><td>2</td><td></td><td colspan="2"></td></tr>
<tr><td>3</td><td></td><td colspan="2"></td></tr>
<tr><th colspan="5">三、财务调整情况</th></tr>
<tr><td>活动/类别名称</td><td>支出科目</td><td>预计金额（元）</td><td>实际金额（元）</td><td>备注</td></tr>
<tr><td rowspan="3">（活动一）</td><td>（科目一）</td><td></td><td></td><td></td></tr>
<tr><td>（科目二）</td><td></td><td></td><td></td></tr>
<tr><td>（科目三）</td><td></td><td></td><td></td></tr>
</table>

四、其他部分调整说明
（具体阐述需调整的部分和调整后的内容）
五、项目出资方审批意见

注：此表不够可以自己增加行数。

（一）项目内容微调的原因

1. 立项资金改变

主要有两种情况：一是项目申报资金和最后立项资金不一致，通常情况是项目资金缩水，需要根据最后资金额度调整项目内容和项目预算；二是通过其他渠道增加了项目资金，也需要进行项目调整。

2. 立项时间改变

如项目申报书的项目周期是 2016 年 6 月 1 日至 2017 年 5 月 31 日，项目批复时间为 2016 年 8 月，这样根据实际情况，项目的周期需适当延后，保证项目周期时间的完整性。

3. 服务地点改变

服务地点发生变化，需要结合现实情况进行项目微调。服务提供方和社区是双向合作关系，服务提供方需要获得社区的配合，因此需要根据服务地点情况的变化，对项目实施微调。

4. 服务对象需求改变

项目设计中服务对象某一部分的需求已经得到满足，或者在前期服务开展中服务对象产生了新的需求，这时候，服务提供方需要根据新的需求调整方案的具体服务内容。

5. 项目管理方认为有调整的必要

例如，项目管理方审查项目后，发现项目预算存在问题，比如部分费用可能偏高，或者费用不好测算等。

6. 承诺的配套资金难以到账

这时，也需要对配套资金进行相应调整。

（二）项目内容微调的原则

1. 目标不变，内容微调

在撰写服务方案的时候，目标和预期成效都是做过陈述的，也是委托方重点关注的内容。虽然项目内容有了微调，但是除了特殊情况，一般项目目标不能发生变化。例如，“青春家园——困境青少年社工服务项目”的目标是“实现困境青少年生活的改善，包括形成健全的人格、良好的生活习惯、良好的人际关系、勇于面对挫折的能力”，项目的服务内容和形式可以调整，但是所有的调整都要围绕这一目标进行。

2. 资金安排符合立项金额

项目方案中财务预算内容要和立项金额一致。比如申请项目资金是10万元，最后立项资金是8万元，财务预算要按照8万元进行调整，最后评估项目是以8万元的资金额作为评估依据的。

3. 服务人群不变，数量微调

项目对象的数量可以有适当调整，但是服务人群不能发生变化。根据立项资金或者其他渠道募集到的资金，对服务人数可以做适当增加或者减少。

（三）项目微调的内容

1. 服务对象

根据立项资金和争取到的其他资助，对服务对象人数进行适当调整，并把最新人数作为执行方案提供给购买方。

2. 服务内容

包括服务的形式、数量、方法。对具体活动数量可以做适当调整，但项目设计时选择的主要服务方法不宜变化。比如项目设计采取个案服务方式，不能调整为通过小组活动的形式开展，需要保持项目设计整体的完整性。

3. 服务资金

按照最终立项额度，重新调整社工工资、补贴、活动物资、志愿者补贴、宣传材料费、办公费用等经费的预算。

二、项目任务分解

（一）纵向分解

纵向分解是依据项目实施期限对项目实施内容进行分解，明确每月、每周甚至每天的工作安排。任务分解要体现专业服务的层次性，服务时间的先后安排要符合实际要求（见表3-2）。在“青春家园——困境青少年社工服务项目”的项目申报书中，工作安排是粗线条的，大致按照季度来安排，在项目实施阶段，需要对任务做更加细致的安排，使项目执行人员能够清楚地知道自己的工作任务。

表 3-2　　工作分解表（按工作内容分解）

月份	社会服务支出类别	具体服务	预期效果与指标
6 月	(1) 社区宣传	社区宣传	2 次
	(6) 社区联系、入户走访和档案管理	走访社区	5 个
	(2) 个案服务	走访（个案）	30 户
	(6) 社区联系、入户走访和档案管理	走访居民并建档	50 户
	(4) 志愿者招募与管理	义工招募培训	1 次
7 月	(2) 个案服务	个案辅导	10 次
	(3) 小组活动	自我探索小组	1 次
	(3) 小组活动	人际交往小组	1 次
	(3) 小组活动	自护教育小组	1 次
	(8) 学业辅导	暑期加油站	4 周
8 月	(3) 小组活动	兴趣小组	1 次
	(2) 个案服务	个案辅导	10 次
	(3) 小组活动	自信心小组	1 次
	(8) 学业辅导	暑期加油站	4 周
9 月	(2) 个案服务	个案辅导	5 次
	(3) 小组活动	自我行为管理小组	1 次
	(8) 学业辅导	向日葵晚辅导	10 次
10 月	(2) 个案服务	个案辅导	5 次
	(3) 小组活动	学习动力小组	2 次
	(4) 志愿者招募与管理	义工招募培训	2 次
	(8) 学业辅导	向日葵晚辅导	14 次
11 月	(2) 个案服务	个案辅导	5 次
	(3) 小组活动	家庭工作坊	1 次
	(9) 秋游	秋游	1 次
	(8) 学业辅导	向日葵晚辅导	14 次
12 月	(2) 个案服务	个案辅导	5 次
	(3) 小组活动	职业生涯辅导小组	1 次
	(8) 学业辅导	向日葵晚辅导	12 次
1 月	(8) 学业辅导	情景剧	1 次
	(8) 学业辅导	学习小组	4 次
	(3) 小组活动	家庭工作坊	1 次

2月	(8) 学业辅导	情景剧	1次
	(8) 学业辅导	学习小组	4次
	(3) 小组活动	家庭工作坊	1次
	(5) 家庭慰问	家庭慰问	50次
3月	(7) 能力展示	才艺表演	1次
	(9) 春游	春游	1次
	(2) 个案服务	个案辅导	2次
	(3) 小组活动	手工坊	1次
	(8) 学业辅导	向日葵晚辅导	12次
4月	(7) 能力展示	才艺表演	1次
	(9) 春游	春游	1次
	(2) 个案服务	个案辅导	2次
	(7) 能力展示	手工坊	1次
	(3) 小组活动	向日葵晚辅导	14次
5月	(7) 能力展示	才艺表演	1次
	(2) 个案服务	个案辅导	3次
	(7) 能力展示	手工坊	1次
	(8) 学业辅导	向日葵晚辅导	14次
6月	(2) 个案服务	个案辅导	3次
	(3) 小组活动	手工坊	1次
	(8) 学业辅导	向日葵晚辅导	10次

(二) 横向分解

横向分解是依据项目的服务支出类别进行分解，把全部的费用分解到每项活动中，每项活动再分解为材料费用、劳务费用，最后把服务支出类别分解到每个月中去(见表3-3)。这样分解后，不同类别的费用就能够得到较好的控制，不容易出现超支的问题。比如民政部的项目对于服务开支的类别有明确的要求，每个服务活动支出类别金额在10%上下浮动，比如说，交通费用3万元，实际支出只能在2.7万～3.3万元之间，如果超过3.3万元，审计方则不予认可。审计方要求项目实施方不能超过这个浮动标准，否则审计方认为项目没有按照预算执行。横向分解就能够很好地解决各个服务支出类别随意的问题。

表 3-3　　工作分解表（按费用分解）

活动费用标准			申报资金费用预算												
			材料费用							人员费用					
活动名称	指标	金额	交通费	材料费	印刷费	通信费	场地费	现金物品	会议费	志愿者	社工	外聘劳务	专家费	督导费	合计（元）
社区宣传	2 次	2 000 元/次													4 000
个案服务	50 次	800 元/次													40 000
小组活动	16 次	3 000 元/次													48 000
志愿者招募与管理	3 次	2 000 元/次													6 000
家庭慰问	50 户	100 元/户													5 000
家庭探访	50 户	100 元/户													5 000
社区走访	5 个	200 元/次													1 000
家庭建档	50 户	40 元/户													2 000
能力展示	3 次	3 000 元/次													9 000
寒暑假学业辅导	10 周	2 000 元/周													20 000
平时晚辅导	100 次	40 元/次													4 000
春/秋游	2 次	3 000 元/次													6 000
合计															150 000

三、项目实施前期的主要环节

（一）选取项目负责人

项目负责人是项目最后执行好坏的关键，要从专业、经验、资格、能力等诸多方面去考虑，慎重选择项目负责人，选好后对其充分信任并赋权，委托其代表机构处理项目运转中的各类问题。

（二）召开项目实施协调会

出资方、落地方、承接方和其他利益相关方在项目实施前要专门召开项目协调会，主要议题是确定利益相关方的权利义务边界，明确职责，各司其职。出资方有权获取最终执行方案，并对承接方的工作提出具体要求；落地方通常需要提出自身的需求，提出需要协同承接方的事务性工作等等；承接方需要向出资方阐明最终的执行方案，解释具体的服务过程、派驻的人员分工、遇到问题的处理机制等。社会服务项目实施需要各利益相关方通力合作，保持密切的沟通，及时处理合作中出现的问题。

（三）明确项目监管内容

在实务领域，项目监督主要包括三个方面：项目过程监管、项目效果监管、委托单位满意度评价。项目过程监管主要包括文案、考勤情况、活动情况、资源拓展表现、宣传实效等内容，通过图片、文字、视频等形式检查服务的具体介入过程是否按照项目执行方案开展服务活动，以及服务次数如何、方法如何、有没有资源链接、宣传效果如何等。项目效果监管主要包括目标成效、服务对象满意程度，只有项目目标实现了、服务对象满意了，才是优质的服务项目。委托单位对项目的评价主要是服务目标是否实现，特别是服务有没有创新，有没有形成亮点。在具体实施过程中，机构主要是通过这些内容来对项目进行监管，项目实施人员需要根据监管内容来实施项目，项目实施人员在实施过程中需要把这些目标融入项目实施过程中去。

第二节　社会服务项目常规管理

项目常规管理是保证项目实施效果的重要手段，社会服务项目要借鉴工程管理标准，不断提升服务质量和效果，确保社会服务的专业性。项目管理主要涉及人、财、物三个方面，社会服务项目常规管理具体划分为人员管理、进度管理、档案管理、财务管理、物资管理、宣传管理、项目督导、沟通管理和志愿者管理九个方面，其中财务管理将在第五章专门介绍。

一、人员管理

社会服务机构的常规管理最重要的就是对人的管理。正确处理好人与钱、物的关系，处理好人与人之间的关系，对于项目的实施和机构的发展都起到决定性的作用。

（一）组建项目团队

德鲁克认为，越是成功的组织越需要组建团队。团队的力量很快会超越个人的能力极限。组建成功的团队，应该从工作内容着手。首先确定个人的优势，然后把个人的优势和关键的活动结合起来，给团队成员分配适当的工作。在团队中选择一个合格的领导者，通过统一的领导，把个人的优势统一成共同的行动。

（二）加强团队培训

要对项目团队开展服务知识与技能培训，使之了解服务流程和方法，提升服务质量。要加强对服务政策的学习。

（三）人员流失与任务衔接

人员流动是每一家机构正常的情况。机构要尽量降低离职率，也要通过加强内部管理和人员储备，确保人员流失后能够快速实现任务衔接。

二、进度管理

为了保证项目实施的有序和高效，我们必须对项目进行管理。依时间维度的管理，我们称之为项目进度管理。项目进度管理分为项目前期、项目中期、项目后期三个时间阶段。要参照项目任务分解表，加强进度管理。项目前期管理主要抓项目分解工作、需求调研和建立专业关系。项目中期管理主要督促个案、小组和社区服务的开展符合专业性的要求，在项目开展过程中加强信息沟通，推进内部分享，按时接受专业督导，及时处理遇到的问题。项目后期管理是为了更好地总结周期内的服务，保证项目实施顺利结束。项目执行人需要进行结果评估，还需要与周期内的服务对象、合作组织处理好结束流程，尤其是服务对象的离愁别绪。为了加强项目进度管理，项目出资方会要求项目执行方提交月报表或季度报表（见表 3-4）。对于社会服务机构而言，月报表或季度报表也是一种很好的进度管理的方式。

表 3-4　　项目实施月报表

实施机构（公章）：　　　　填报日期：

<table>
<tr><td>项目名称</td><td colspan="5"></td></tr>
<tr><td colspan="6">一、项目服务实施情况</td></tr>
<tr><td colspan="2">直接受益对象、人数</td><td colspan="4"></td></tr>
<tr><td colspan="2">间接受益对象、人数</td><td colspan="4"></td></tr>
<tr><td rowspan="4">工作量统计</td><td>个别辅导</td><td colspan="4"></td></tr>
<tr><td>团体活动</td><td colspan="4"></td></tr>
<tr><td>社区活动</td><td colspan="4"></td></tr>
<tr><td>其　他</td><td colspan="4"></td></tr>
<tr><td rowspan="5">项目完成情况</td><td>序号</td><td>名称</td><td colspan="2">活动实施情况（简述活动时间地点、目标、形式、参与对象和人数、实施结果）</td><td>备注</td></tr>
<tr><td>1</td><td></td><td colspan="2"></td><td></td></tr>
<tr><td>2</td><td></td><td colspan="2"></td><td></td></tr>
<tr><td>3</td><td></td><td colspan="2"></td><td></td></tr>
<tr><td>4</td><td></td><td colspan="2"></td><td></td></tr>
<tr><td colspan="6">可达成指标</td></tr>
<tr><td colspan="6">阶段性成果和产出（请附材料）（如：媒体报道）</td></tr>
<tr><td colspan="6">二、人力、物资投入</td></tr>
<tr><td rowspan="4">实施团队</td><td>姓名</td><td>性别</td><td>年龄</td><td>专业资质</td><td>项目分工（专、兼职）</td></tr>
<tr><td></td><td></td><td></td><td></td><td></td></tr>
<tr><td></td><td></td><td></td><td></td><td></td></tr>
<tr><td></td><td></td><td></td><td></td><td></td></tr>
<tr><td colspan="6">三、财务管理</td></tr>
<tr><td colspan="2">预计支出总额（元）</td><td></td><td colspan="2">实际支出总额（元）</td><td></td></tr>
<tr><td colspan="2">支出科目</td><td>预计金额（元）</td><td colspan="2">实际金额（元）</td><td>备注</td></tr>
<tr><td colspan="2">（科目一）</td><td></td><td colspan="2"></td><td></td></tr>
<tr><td colspan="2">（科目二）</td><td></td><td colspan="2"></td><td></td></tr>
<tr><td colspan="2">…………</td><td></td><td colspan="2"></td><td></td></tr>
<tr><td colspan="2">合计</td><td></td><td colspan="2"></td><td></td></tr>
<tr><td colspan="6">四、监测与评估总结</td></tr>
<tr><td colspan="6">签名（盖章）：
日期：</td></tr>
</table>

项目的前期、中期与后期是项目实施的不同阶段。虽然可以将服务分阶段进行，但是每一个阶段都不是彼此独立，而是相互联系的。简单来说，项目执行人在项目周期内要实时进行评估，根据评估结果，适时调整服务活动。

在进度管理过程中，要注意紧急事件的处理。在社会服务过程中，很多事情都是令人措手不及的，比如说天气。社工在做活动的时候，如果没有做好预测天气的工作，很可能一场大雨就把辛辛苦苦策划的活动搞砸，或者一阵高温酷热导致整场活动无人问津。因而社工需要培养处理紧急事件的能力，紧急事件主要是突发事件（见拓展阅读 3－1）。

拓展阅读 3－1　　社会服务项目也要有预案

某次老年体检活动项目是在一个农村社区开展的，居民没有获得过类似的服务。有一次组织医生在中心开展健康检查活动，居民来得很早，原定 8 点开始，居民有的 6 点就来了，社工 7 点来的，为了能够先检查，居民们没有排队，闹哄哄的，因为人多，几个居民和社工都被挤倒了，社工还崴了脚，差一点造成人身安全事故。事后，社工做了反思。同样的社会服务项目在不同地方会面对完全不一样的局面，他们没有想到居民来得那么多，那么早，所以没有准备紧急预案，也没有安排更多的人员维护秩序。

三、档案管理

档案管理是社会组织规范化管理中的一项重要工作，文件和档案要形成系统化、规范化、标准化、信息化的管理，提高办公效率。就社会服务项目而言，在项目实施过程中，文件和档案要以项目为单位进行统一分类、制定目录及编码，并存放至档案柜，并对需要保密的文件进行保密处理（见拓展阅读 3－2）。

拓展阅读 3－2　　档案保管期限和密级划分

保管期限根据被鉴定档案的价值确定，一般分为永久和定期两种，定期又分为长期和短期两种。档案应根据《标准档案保管期限表》，并结合具体情况划分保管期限。

档案的密级分为：普通档案、秘密档案和绝密档案。

（1）普通档案可办理借阅、复印；

（2）秘密档案须经主任批准方可借阅、复印；

（3）绝密档案，例如个案，除个案案主同意外，其余人员均不可借阅、复印。

社会服务项目档案密级划分由管理人员按照具体实际提交处理意见，交领导讨论确定。

四、物资管理

物资类型是指在社会组织服务中所需要的物资种类和物资形式，在社会服务项目中，主要涉及宣传物资和活动物资。宣传物资主要有横幅、海报、宣传折页、年报等。制作宣传材料应把握重点，将服务成效展示出来，发放宣传物资要注重宣传效益，控制宣传成本和宣传材料发放的数量。活动物资是指在项目中开展活动所需的物资，有活动材料和道具、发放物资等，一般由机构统一采购。材料和道具须根据服务的实施情况选取合适的物资和数量，建立领取登记制度。发放物资主要是在服务中发放给服务对象，作为参与活动奖励或鼓励。发放物资须考虑物资对于服务对象的实用性，根据服务情况选取发放物资。有些物资是第三方提供的，或者物资价格较高，或者项目有特别要求。发放物资须填写签收单，或者在发放清单上签字。

五、宣传管理

项目宣传是在服务策划、项目实施过程中不能忽视的重要方面。项目宣传能够扩大项目影响范围，加强社会对服务人群的认知，树立机构在社会公众中的良好形象，将政府的购买服务展示在公众视野之内，推广社会服务行业的发展。宣传渠道主要有报纸、电视台、微信、微博、网站等。宣传形式有宣传单页、宣传折页、横幅、海报、宣传纪念品等。

与传统媒体，如报社和电视台方面，应该建立稳定的合作机制。报社和电视台需要大量的一手新闻，对社会组织开展公益活动比较感兴趣。网站、微信公众号、微信群、QQ 群等网络媒体也是社会服务机构开展宣传的好阵地，特别是微信公众号。社会服务机构通过微信公众平台上申请的应用账号，在微信平台上实现和特定群体的文字、图片、语音的全方位沟通、互动。社会组织利用公众平台进行自媒体活动，简单来说就是进行一对多的媒体性行为活动，从营销学角度来看，微信公众号实现了账号本体向指定群体推送信息的功能，即点对面的信息传输，形成了一种主流的线上线下的微信互动营销方式。

六、项目督导

社会服务项目执行的进度和透明度均需要有效的督导，只有建立适宜的监督机制，才能保证社会服务项目最后的实施效果。要遴选有经验以及有相关知识背景的人担任督导。项目组需要经常与督导沟通，及时反映在服务过程中遇到的问题，接受督导的指导。督导要及时了解项目进度，确保督导及时有效，也要根据项目进度安排督导。社会服务机构为了提升督导质量，需要加强对督导的培训。

七、沟通管理

项目沟通就是在开展社会公益服务项目工作中进行的交流。项目沟通管理，就是为了实现项目目标，科学地、合理地组织和管理所有项目工作中的沟通交流。社会服务是做人的工作，社会服务工作者需要有良好的沟通能力，能够与不同的人打交道，进行有效沟通。项目沟通涉及与出资方沟通、与服务点沟通、站点内部沟通、站点与机构沟通、与服务对象沟通等主要方面。首先要建立完善的项目沟通管理体系，明确网络沟通中各关系人的职责和权限，建立沟通反馈机制；其次要保持畅通的沟通渠道，保证沟通的有效性，可以建立项目组成员、服务对象和社区相关人员的协调会，确保彼此能够信息畅通；最后要重视沟通效率，节约沟通成本。项目要注意对沟通方式的选择、对沟通时机的把握，做到有效沟通。

八、志愿者管理

志愿服务指个人自愿贡献时间、精力或金钱，在不为物质报酬的前提下为促进社会进步发展而提供的服务。志愿服务具有志愿性、无偿性、公益性、组织性四大特征。从机构而言，需要能够提供稳定、持续志愿服务的志愿者。要把志愿精神转化为有效的行动，就需要开展志愿者管理。志愿者管理包括志愿者招募、培训、使用、评估与反馈、激励（见图 3－1）。

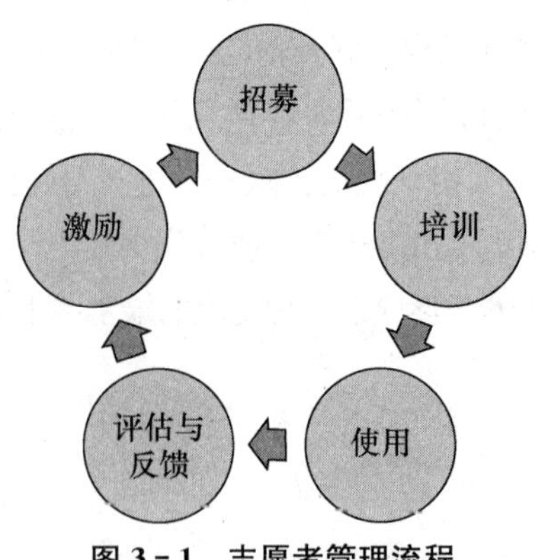

图 3－1　志愿者管理流程

志愿者招募就是把符合项目需要的志愿者吸收到项目活动中来。招募对象包括大学生志愿者和社区志愿者。从机构长远发展来看，应有一定比例的社区志愿者。

志愿者培训包括增进志愿者对社会组织和服务项目的了解，还有志愿精神和服务能力方面的培训。正式的培训将使志愿者为承担特殊的责任做准备。培训的方式很多，一般包括讲座、阅读、研讨、实地考察、观看录像、专题讨论、案例、角色扮演、示范等等。

志愿者的使用就是把服务过程与志愿者的参与结合起来。要让志愿者能够参与到服务中来，发挥其应有的作用，否则志愿者会觉得没有成就感和存在感。

评估与反馈是指项目结束时需要对志愿者进行合理评估，通过多维度指标综合评价志愿者在公益服务项目中的综合表现，并能够及时反馈给志愿者。

志愿者激励包括通过奖励、颁发证书、发匾、颁发纪念别针以及举行表彰宴会等等，来认可志愿者的工作和贡献。许多志愿组织每年都举行表彰志愿者的活动。

第三节　社会服务项目实施表格

项目实施过程要遵循痕迹化管理的原则，确保社会服务的过程能够通过文字、图片、实物和电子档案等形式反映出来，以便于项目评估。项目实施表格是一种标准化记录方式，可以为项目实施提供指引，同时也有利于项目执行的标准化。本节将重点介绍社会工作类项目的表格，同时还介绍心理咨询类、婚姻家庭咨询类等服务项目的表格。普通社会服务项目可以参考社会工作类表格：个人服务类活动可以参考个案工作类表格，团体活动可以参考小组工作类表格，社区活动可以参考本节第四部分的其他社会服务项目表格，并做适当的简化。

一、社会工作类项目表格

（一）服务对象的选择和确认

很多的社会服务项目并不是事先有明确的服务对象，购买方不提供服务对象的名单，需要社会组织根据项目来筛选服务对象。要把符合项目需要的服务对象筛选出来，就需要建立一套服务对象选择标准和选择机制。下面是困境青少年社工项目的服务对象的选择过程（见拓展阅读3－3、拓展阅读3－4）。服务对象确定后，需要签订受益对象确认书（见表 3－5），明确受益内容。受益对象确认书也是项目评估和审计的重要依据。

拓展阅读 3－3　　困境青少年的标准

服务对象：困境青少年

选择家庭类型：

（1）家庭成员有一方重病：父母有一方重病或青少年重病或抚养人重病；

（2）家庭成员有一方残疾：父母有一方残疾或青少年残疾；

（3）低保家庭；

（4）孤儿或者事实孤儿。

拓展阅读 3－4　　受益对象确定原则与程序

确定程序：由社区提供初选名单，然后机构挑选。

挑选原则：

（1）同等条件下，靠近机构的服务对象优先；

（2）征求服务对象意见，服务对象同意接受服务的优先；

（3）根据服务对象及其家庭的实际情况，困难情况比较严重的优先。

表 3－5　　受益对象确认书

SHFWXM-SYDX-1

项目执行单位：　　　　　　　　　　　　　　　　　　　　编号：

<table>
<tr><td colspan="2">项目名称</td><td colspan="4"></td></tr>
<tr><td colspan="2">受益人姓名</td><td></td><td>身份证号</td><td colspan="2"></td></tr>
<tr><td colspan="2">性　别</td><td></td><td>手机/电话</td><td colspan="2"></td></tr>
<tr><td colspan="2">家庭住址</td><td colspan="4"></td></tr>
<tr><td>受助方式</td><td>名称（种类）</td><td>规格</td><td>数量</td><td>金额（元）</td><td>备注</td></tr>
<tr><td>现金□</td><td></td><td></td><td></td><td></td><td rowspan="3"></td></tr>
<tr><td>实物资产□</td><td></td><td></td><td></td><td></td></tr>
<tr><td>劳务或服务□</td><td></td><td></td><td></td><td></td></tr>
<tr><td colspan="2">受益对象（监护人）签字</td><td></td><td>签字日期</td><td colspan="2"></td></tr>
</table>

注：

1. 项目办公室将采用电话方式就救助情况进行回访；

2. 受益金额为印刷或打印；

3. 若同一受益对象多次受益，可在受益对象确认书中列明总金额，另附证明材料或明细清单；

4. 受益对象确认书应由受益对象（监护人）签字确认，对于无法由受益对象（监护人）确认签字的，应由两个以上证明人签字，同时注明证明人身份证号和联系方式。

（二）个案工作类表格

个案工作类表格包括首次咨询记录表（见表 3－6）、个案辅导服务须知（见拓展阅读 3－5）、服务对象问题评估量表（见表 3－7）、个案服务过程记录表（见表 3－8）、个案结束表(见表 3－9)、服务效果评估表（见表 3－10）、个案督导记录表（见表 3－11）、转介同意书（见拓展阅读 3－6）和个案转介表（见表 3－12）等。

表 3－6　　首次咨询记录表

SHFWXM-GA-1

<table>
<tr><td colspan="7">个人信息</td></tr>
<tr><td>姓名</td><td colspan="2"></td><td>性别</td><td></td><td>年龄</td><td></td></tr>
<tr><td>电话</td><td colspan="2"></td><td>职业</td><td></td><td>婚姻状况</td><td></td></tr>
<tr><td>证件号码</td><td colspan="2"></td><td>住址</td><td colspan="3"></td></tr>
<tr><td>接案社工</td><td colspan="2"></td><td>接案时间</td><td colspan="3"></td></tr>
<tr><td>接案途径</td><td colspan="6"></td></tr>
<tr><td colspan="7">家庭信息</td></tr>
<tr><td>姓名</td><td>关系</td><td>性别</td><td>年龄</td><td>从事职业</td><td>所在地区</td><td>联系方式</td></tr>
<tr><td></td><td></td><td></td><td></td><td></td><td></td><td></td></tr>
<tr><td></td><td></td><td></td><td></td><td></td><td></td><td></td></tr>
<tr><td colspan="7">问题/需要</td></tr>
<tr><td colspan="7">□ 康复服务　□ 家庭暴力　□ 学习问题　□ 法律咨询　□ 心理疏导　□ 婚姻问题　□ 流浪救助
□ 政策指引　□ 哀伤辅导　□ 未婚怀孕　□ 经济援助　□ 纠纷调解　□ 精神问题　□ 家庭关系
□ 老人赡养　□ 就业推荐　□ 其他</td></tr>
<tr><td colspan="7">个案背景</td></tr>
<tr><td colspan="7"></td></tr>
<tr><td colspan="7">接案社工建议</td></tr>
<tr><td>危机因素</td><td colspan="6">□ 低　□ 中　□ 高　说明：</td></tr>
<tr><td>紧急服务</td><td colspan="6">□ 低　□ 中　□ 高　说明：</td></tr>
<tr><td>跟进服务</td><td colspan="6">□ 低　□ 中　□ 高　说明：</td></tr>
<tr><td colspan="7">当事人意愿</td></tr>
<tr><td colspan="7">□ 愿意接受服务　□ 不愿意接受服务　□ 不适用　说明：</td></tr>
<tr><td colspan="7">上级督导建议</td></tr>
<tr><td>跟进服务</td><td colspan="2">□需要　□不需要</td><td>任务委派</td><td colspan="3"></td></tr>
<tr><td colspan="7">上级督导意见：
上级督导签名：
日期：</td></tr>
</table>

拓展阅读 3-5

个案辅导服务须知

SHFWXM-GA-2

本机构为您提供的服务由政府购买，不向您收取任何费用。请您仔细阅读以下条款，在确认您完全同意后签署姓名。

1. 我已了解个案辅导所包含的内容，并自愿接受该服务。

2. 我同意该服务机构在保密的情况下记录我的个人信息，并将服务过程作为内部档案留存。

3. 我明白社工服务以“助人自助”为基本原则，服务效果与我本人的参与度密切相关，在接受服务的同时我仍然负有自主解决问题的责任。

4. 我明白服务目标达成后，社会工作者会与我商讨结束服务。我也有权利随时与社工协商，提出终止服务。

本人签名：

签署日期：

表 3-7

服务对象问题评估量表

SHFWXM-GA-3

个案编号：

<table>
<tr><td>服务对象姓名</td><td></td><td>接案社工</td><td></td></tr>
<tr><td colspan="2" rowspan="2">请填写服务对象认为需要处理的问题（按优先次序）</td><td>立案时日期：</td><td>结案时日期：</td></tr>
<tr><td colspan="2">困扰程度（0 分至 5 分，0 分代表不困扰，5 分代表非常困扰）</td></tr>
<tr><td colspan="2">1. 经济问题</td><td>1 2 3 4 5</td><td>1 2 3 4 5</td></tr>
<tr><td colspan="2">2. 家庭关系</td><td>1 2 3 4 5</td><td>1 2 3 4 5</td></tr>
<tr><td colspan="2">3. 情感问题</td><td>1 2 3 4 5</td><td>1 2 3 4 5</td></tr>
<tr><td colspan="2">4. 人际关系</td><td>1 2 3 4 5</td><td>1 2 3 4 5</td></tr>
<tr><td colspan="2">5. ……</td><td>1 2 3 4 5</td><td>1 2 3 4 5</td></tr>
</table>

表 3-8

个案服务过程记录表

SHFWXM-GA-4

编号：

时间		地点	
服务对象		服务方式	

问题描述	
服务记录：	
社工：	日期：

表 3－9　　个案结束表

SHFWXM-GA-5

编号：

服务对象姓名			接案社工	
接案日期		结案日期		
服务过程及现状总结				
协定目标达成情况				
结案原因				
□ 目标达到 □ 超出服务范围 □ 社工认为不适合继续跟进 □ 服务对象不愿意继续接受服务 □ 其他原因				
服务对象知道个案已结束并知道在有需要时如何得到服务：□ 是　　□ 否				
社工签名		上级督导签名		
签署日期		签署日期		

表 3-10　服务效果评估表

SHFWXM-GA-6

编号：

服务对象姓名：	填表日期：

1. 你对负责社工的表现满意吗？
   □ 非常满意　□ 满意　□ 一般　□ 不满意　□非常不满意
2. 负责社工向您提供何种帮助？请从下列范围挑选（可多选）
   □ 没有提供帮助
   □ 提供有用资料　□ 行为问题　□ 婚姻关系调适　□ 学习问题
   □ 家庭关系调适　□ 康复工作　□ 生活适应　□ 健康问题
   □ 情绪辅导　□ 人际关系　□ 转介服务　□ 就业辅导
   □ 管教子女技巧　□ 经济援助　□ 司法矫正/安置帮教
   □ 其他（请注明）
3. 总体而言，服务能否帮助您面对/解决您的困难？

完全不能←→完全解决									
1	2	3	4	5	6	7	8	9	10

4. 自接受本机构服务后，您的情况有否改善？

完全没有改善←→完全解决									
1	2	3	4	5	6	7	8	9	10

5. 与社工接触时，您对解决您的困难的积极性如何？
   □ 非常积极　□ 积极　□ 一般　□ 不积极　□ 非常不积极
6. 本服务结束之时，您与社工双方原商定的目标能否达到？
   □ 能　□ 不能（原因：　　）
7. 其他评语或意见

表 3-11　个案督导记录表

SHFWXM-GA-7

编号：

项目名称			
督导时间		服务对象	
个案进展情况：			
意见建议： 社工签名： 督导签名：			

拓展阅读 3－6

转介同意书

SHFWXM-GA-8

我同意××社工服务社<u>　因服务需要　</u>将我转介至______，并将我接受服务的相关情况一并转过去。这样做的目的是申请更优质、更具有针对性的服务。

签　名：

日　期：

表 3－12　　个案转介表

SHFWXM-GA-9

<table>
<tr><td>转介机构</td><td colspan="3"></td></tr>
<tr><td>社工姓名</td><td></td><td>联络方式</td><td></td></tr>
<tr><td>初次接询日期</td><td></td><td>签名</td><td></td></tr>
<tr><td>接收机构</td><td colspan="3"></td></tr>
<tr><td>社工姓名</td><td></td><td>联络方式</td><td></td></tr>
<tr><td>接收日期</td><td></td><td>签名</td><td></td></tr>
<tr><td colspan="4">个案情况</td></tr>
<tr><td>个案资料</td><td colspan="3"></td></tr>
<tr><td>有无其他机构提供服务</td><td colspan="3"></td></tr>
<tr><td>服务对象的需求</td><td colspan="3"></td></tr>
<tr><td>采取过的措施</td><td colspan="3"></td></tr>
<tr><td>社工的评语和建议</td><td colspan="3"></td></tr>
</table>

注：
1. 本表格所收集的资料只用作本机构提供转介服务之用，资料保密处理。
2. 本表格接受机构盖章或签名后复印回转介机构存档。

（三）小组工作类表格

小组工作类表格主要包括小组活动计划书（见表 3－13）、小组活动材料申请表（见表 3－14）、小组活动签到表（见表 3－15）、小组活动志愿者签到表（见表 3－16）、小组满意度自我评估表（见表 3－17）、小组气氛自我评价表（见表 3－18）和小组活动督导表（见表 3－19）等。

表 3-13　小组活动计划书

SHFWXM-XZ-1

活动名称	
1. 小组理念（机构背景、设计小组的原因、小组的理论架构）	
2. 小组目标及目的（目标和目的）	
3. 服务对象（类型和特点）	
4. 小组特征（性质、次数、日期、时间、地点和人数）	
5. 招募方式	
6. 活动计划	
7. 所需资源（人力和物资）	
8. 评估方法	
9. 风险预测与应对	
10. 督导意见	

表 3-14　小组活动材料申请表

SHFWXM-XZ-2

日期：

编号	材料名称	数量	单价（元）	总价（元）	备注
1					
2					
3					
4					
5					
6					
7					
合计					

申请人：　　　　领取人：　　　　审批人：

表 3-15　小组活动签到表

SHFWXM-XZ-3

日期：

编号	姓名	联系电话	签到
1			
2			
3			
4			
5			
6			
7			
8			
9			

表 3-16　小组活动志愿者签到表

SHFWXM-XZ-4

日期：

编号	姓名	联系电话	签到
1			
2			
3			
4			
5			
6			
7			
8			

表 3-17　小组满意度自我评估表（服务对象）

SHFWXM-XZ-5

请在所选择的与您情况相符的数字下面画圈。

极不符合 1　2　3　4　5　6　7　8　9　10 极符合

1. 我能在这次团体活动中向别人表达我的看法。

1　2　3　4　5　6　7　8　9　10

2. 我喜欢这次团体活动。
1 2 3 4 5 6 7 8 9 10

3. 我在这次团体活动中学会了如何关怀别人。
1 2 3 4 5 6 7 8 9 10

4. 我对自己越来越了解。
1 2 3 4 5 6 7 8 9 10

5. 参加团体活动使我对自己越来越有信心。
1 2 3 4 5 6 7 8 9 10

6. 在这次团体活动中我乐于和其他人分享我的经验。
1 2 3 4 5 6 7 8 9 10

7. 我觉得这次的团体活动很有意义。
1 2 3 4 5 6 7 8 9 10

8. 我觉得这次团体活动大家相互信任而且坦诚。
1 2 3 4 5 6 7 8 9 10

9. 我喜欢老师的带领方式。
1 2 3 4 5 6 7 8 9 10

10. 我认为下一次可以改进的是：

表 3-18　小组气氛自我评价表

SHFWXM-XZ-6

我觉得和我同组的人					
1. 诚实对待我	总是	时常	偶尔	很少	从不
2. 能把握到我说话的重点					
3. 打断或不理会我提出的意见					
4. 接受我					
5. 当我干扰他们的时候，他们很自然地让我知道					
6. 误解我所说的和所做的					
7. 对我感兴趣					
8. 提供一种气氛使我能表现真实的我					
9. 有事藏在心里不让我知道					

10. 能洞悉我是怎么样的一个人					
11. 无论什么事都会考虑我一份					
12. 对我采取判断式的反应					
13. 对我完全坦白					
14. 能觉察我的困扰					
15. 不论我的技术、能力或地位如何，都能充分尊重我					
16. 在我表现特异时嘲笑我或不表赞同					

表 3-19　　　　小组活动督导表

SHFWXM-XZ-7

项目名称			
督导内容			
建议			
督导		日期	

二、心理咨询类表格

心理咨询类表格包括来访者登记表（见表 3-20）、心理咨询协议（见拓展阅读 3-7）、初诊接待记录表（见表 3-21）、心理咨询记录卡（见表 3-22）、咨询对象的基本情况(见表 3-23)、第×次咨询记录表（见表 3-24）、会谈接连作业表（见表 3-25）和咨询终结记录表（见表 3-26）。

表 3－20　来访者登记表

SHFWXM-XLZX-1

编号：

<table>
<tr><td>姓名</td><td></td><td>性别</td><td></td><td>年龄</td><td></td><td>民族</td><td></td></tr>
<tr><td>职业</td><td></td><td>婚姻状况</td><td></td><td>学历</td><td></td><td>籍贯</td><td></td></tr>
<tr><td colspan="2">通信地址</td><td colspan="4"></td><td>电话</td><td></td></tr>
<tr><td colspan="8">来访原因（详细内容）</td></tr>
<tr><td colspan="8"></td></tr>
<tr><td colspan="8">当前问题的历史</td></tr>
<tr><td colspan="8"></td></tr>
<tr><td colspan="8">医疗及心理咨询史</td></tr>
<tr><td colspan="8"></td></tr>
<tr><td colspan="2">咨询师</td><td colspan="3"></td><td colspan="2">日期</td><td></td></tr>
</table>

注：需要填写的内容为您的一般资料，望如实填写。您不必担心内容被泄露，因为您的登记表内容是被严格保密的。

拓展阅读 3-7

心理咨询协议

SHFWXM-XLZX-2

根据关于心理咨询的现行相关法律规定和行业规范，在相互尊重、相互信任的前提下，来访者和心理咨询师就心理咨询具体事项协议如下。

一、责任、权利与义务

根据国家现行法律规定，咨询关系双方具有以下特定责任、权利与义务。

1. 咨询师的责任、权利和义务

责任：

(1) 遵守职业道德，遵守国家有关的法律法规；

(2) 帮助来访者解决心理问题；

(3) 严格遵守保密原则，并说明保密例外。

权利：

(1) 有权利了解与来访者心理问题有关的个人资料；

(2) 有权利选择合适的来访者；

(3) 本着对来访者负责的态度，有权利提出转介或中止咨询；

(4) 在需要危机干预（伤害自己或他人或威胁咨询师人身安全）的情况下，有权行使保密例外，通知相关机构及人员。

义务：

(1) 向来访者介绍自己的受训背景，出示营业执照和执业资格等相关证件；

(2) 遵守咨询机构的有关规定；

(3) 遵守和执行商定好的咨询方案各方面的内容；

(4) 尊重来访者，遵守预约时间，如有特殊情况提前告知来访者；

(5) 不得与来访者建立咨询以外的任何关系。

2. 来访者的责任、权利和义务

责任：

(1) 向咨询师提供与心理问题有关的真实资料；

(2) 积极主动地与咨询师一起探索解决问题的方法；

(3) 完成双方商定的作业；

(4) 向咨询师告知目前所患相关疾病的严重程度及治疗进程；

(5) 因怀孕、疾病等不能独立前往咨询时，应由监护人陪同咨询。

权利：

(1) 有权利了解咨询师的受训背景和执业资格；

(2) 有权利了解咨询的具体方法、过程和原理；

(3) 有权利选择或更换合适的咨询师；

(4) 有权利提出转介或中止咨询；

(5) 对咨询方案的内容有知情权、协商权和选择权。

义务：

(1) 遵守咨询机构的相关规定；

(2) 遵守和执行商定好的咨询方案各方面的内容；

(3) 尊重咨询师，遵守预约时间，如有特殊情况提前告知咨询师。

二、收费标准

面谈咨询、心理疏导：××元/50 分钟。

心理测量：每次××元不等。

三、免责条款

1. 签署本协议代表咨询师已经履行以上条款的告知义务，来访者已清楚咨询关系双方具有的特定责任、权利与义务并与咨询师理解一致。

2. 签署本协议表示来访者同意、遵守本协议以上条款并主动申请要求心理咨询与治疗服务，愿意配合相关咨询及治疗。

3. 鉴于心理咨询的性质和职业道德要求，咨询师不能对治疗效果做出绝对承诺。

4. 如果来访者未履行预约时间且未提前做解释说明，咨询师可以视之为中止咨询。

5. 来访者有意隐瞒咨询信息所造成的心理问题加重或产生的不良后果，由来访者自己承担。

6. 在咨询期间，由发生在咨询场所之外的事故、疾病等因素引发的来访者自伤、自残、自杀或死亡意外，来访者负全责，且不得以此要求咨询师和咨询机构承担责任。

7. 在心理咨询过程中，来访者因自身原因造成情绪激动、失控而发生自残、自伤、自杀等时，咨询师应该及时控制事态，必要时，可与来访者的监护人、家属及相关部门取得联系，以保护来访者人身和生命安全。但因此造成的损害后果，由来访者自己承担。

8. 以上内容一经签字即具备法律效用，咨询师保留包括最终解释权在内的所有解释权。来访者及咨询师隐私权利受法律保护，心理咨询所有信息材料非权利人员兼行为能力人员不得持阅。

四、其他说明

1. 心理咨询师属于高风险行业，道义、责任、压力大，来访者应尊重心理咨询师个人生活，除预约咨询时间外，请不要随意干扰咨询师私人生活。

2. 咨询的频度一般为每周 1～2 次（特殊情况下，可在 1～5 次之间波动）。每周固定时间咨询，咨询时间为 50 分钟。

3. 来访者在咨询前一天应该联系咨询师确认第二天的咨询时间。来访者如未按约定时间进行咨询，仍然收取当次费用。

4. 心理问题或心理疾病的治疗效果是综合因素作用的结果，治疗效果受来访者主观努力程度、意志决心、问题的性质、严重程度、病程迁延、生理疾病、咨询师水平及努力程度等因素的影响。我们要做的就是尽最大的努力使来访者一次比一次有所进步，尽早恢复健康。

5. 本协议最终解释权归心理咨询机构所有。

注：阅读此协议内容后，若无异议，我们将认为您已经完全接受上述各项内容。

来访者（监护人）签名：　　　　　　　　心理咨询师签名：

年　　月　　日　　　　　　　　　　　　年　　月　　日

表 3-21　　初诊接待记录表

SHFWXM-XLZX-3

编号：			
姓名：	性别：		年龄：
日期：			
来访者对其不适的主观描述			
咨询师对求助者的服饰、外貌等的描述			
咨询师对咨询过程的要点记录			
本次咨询作业			
下次咨询的计划			
咨询师签字		日期	

表 3 - 22

心理咨询记录卡

SHFWXM-XLZX-4

对您负责　绝对保密

<table>
<tr><td>姓名</td><td></td><td>出生年月</td><td></td><td>婚姻状况</td><td colspan="5">已婚　未婚　分居　离异　再婚　已有对象</td></tr>
<tr><td>联系电话</td><td colspan="2"></td><td colspan="2">单位名称及地址</td><td colspan="5"></td></tr>
<tr><td>性别</td><td></td><td>籍贯</td><td></td><td>居住条件</td><td colspan="5">差　一般　宽敞　几代同住一室　单身宿舍</td></tr>
<tr><td>家庭关系</td><td colspan="5">和睦　一般　不和睦（请具体描述）</td><td>同事关系</td><td colspan="3">和睦　一般　不和睦（请具体描述）</td></tr>
<tr><td colspan="5">居住区域：市郊　外地</td><td colspan="5">幼时生活事件：</td></tr>
<tr><td rowspan="5">生活事件
（六个月内）</td><td colspan="2">1. 居住问题</td><td colspan="2">6. 邻居间矛盾</td><td colspan="2">11. 退休或离休</td><td colspan="2">16. 受单位处分</td><td>21. 性问题</td></tr>
<tr><td colspan="2">2. 晋级或工资问题</td><td colspan="2">7. 学习困难，成绩下降</td><td colspan="2">12. 复员或转业</td><td colspan="2">17. 工种或职业改变</td><td>22. 考试紧张</td></tr>
<tr><td colspan="2">3. 父母或子女间矛盾</td><td colspan="2">8. 家庭成员死亡或患病</td><td colspan="2">13. 配偶死亡</td><td colspan="2">18. 工作奖惩或处分</td><td>23. 借贷问题</td></tr>
<tr><td colspan="2">4. 婆媳或岳婿间矛盾</td><td colspan="2">9. 睡眠或生活习惯改变</td><td colspan="2">14. 离婚、复婚或再婚</td><td colspan="2">19. 恋爱或交友问题</td><td>24. 外伤或疾病</td></tr>
<tr><td colspan="2">5. 与领导或同事间矛盾</td><td colspan="2">10. 老师或同学间矛盾</td><td colspan="2">15. 夫妻分居</td><td colspan="2">20. 怀孕或不育</td><td>25. 下岗问题</td></tr>
<tr><td rowspan="6">咨询要求
（咨询师填）</td><td>1. 问婚姻</td><td>6. 问学习</td><td rowspan="6">处理措施</td><td>一、心理测验</td><td colspan="2">二、心理治疗</td><td colspan="3">三、药物治疗</td></tr>
<tr><td>2. 问情感</td><td>7. 问前程</td><td>1. 智力测验</td><td>1. 开导支持法</td><td>5. 厌恶条件法</td><td colspan="3">1. 抗焦虑药</td></tr>
<tr><td>3. 问交往</td><td>8. 问适应</td><td>2. MMPI</td><td>2. 疏泄开导法</td><td>6. 生物反馈法</td><td colspan="3">2. 抗抑郁药</td></tr>
<tr><td>4. 问遗传、优生</td><td>9. 问退休</td><td>3. HAMA</td><td>3. 系统脱敏法</td><td>7. 松弛法</td><td colspan="3">3. 中药</td></tr>
<tr><td>5. 问工作</td><td>10. 问下岗</td><td>4. HAMO</td><td>4. 情感转移法</td><td>8. 太极拳</td><td colspan="3">4. 针灸</td></tr>
<tr><td colspan="2">其他</td><td>5. SCL90</td><td colspan="2">其他</td><td colspan="3">其他</td></tr>
</table>

表 3－23

咨询对象的基本情况

SHFWXM-XLZX-5

文化程度	文盲 小学 初中 高中 大学 研究生				
学习时间	每周超过（ ）小时		工作时间	每周超过（ ）小时 无工作	
工作性质	政府机关 事业单位 企业 个体户 自由职业者 无业 离休 退休 单位名称：				
职　务	高级管理者 中层管理者 职工				
职　称	正高 副高 中级 初级 实习 无				
家庭成员	祖父母 父母 公婆 岳父母 兄 姐 弟 妹 夫妻 子 女 孙 其他				
夫妻关系	和谐 一般 不和（原因： ）				
性 生 活	满意 不满意 增加 减少 早泄 阳痿 避孕 无性生活 有手淫 遗精				
月经情况	初潮（ ）岁 相隔天数（ ） 行经天数（ ） 经期性格 流产（ ）次 早产（ ）次 未婚先孕（ ）次				
健康状况	强健 瘦弱 多病 曾患慢性病				
自我评估	偏阴：喜清静 自卑 抑郁 易焦虑 少社交 缺闯劲 少管闲事 事后多悔 感厌倦 容易多疑				
	偏阳：广交际 乐观 活跃 高傲 对人热情 干劲足 好管闲事 遇事不悔 动感情 心胸宽阔				
	阴阳和平：情感含蓄 头脑冷静 能忍让 重理智 有抱负 行为谨慎 思索仔细 意志坚强				
	稳定性：情绪稳定 尚稳定 容易激怒 脆弱				
	兴趣爱好：文艺 体育 旅游 拍照 看戏 看电影 看电视 下棋 打扑克牌 书画 种花 养鸟 其他				
咨询过程					
诊　断		咨询师签名		咨询日期	

表 3-24 第×次咨询记录表

SHFWXM-XLZX-6

姓名		日期		会谈次数		编号	
是否进行心理测量及其结果							
本次咨询讨论主题							
本次咨询师咨询目的							
本次会谈要点							
家庭作业							
下次会谈计划主题							
咨询师的观察（来访者和自我觉察）							

表 3-25 会谈接连作业表

SHFWXM-XLZX-7

姓名		日期		会谈次数		编号	
1. 上个会谈我们讨论了哪些重要的问题？你从中学到了什么？（1～3 句话）							
2. 上个会谈有什么事情使你烦恼？你有什么事不愿讲吗？							
3. 你的这一周怎么样？与其他周相比，你这一周的心境如何？（1～3 句话）							
4. 这周有无什么重要的事发生并需要讨论？（1～3 句话）							
5. 你想要将什么问题列入日程？（1～3 句话）							
6. 你做了或没做什么家庭作业？							
咨询师的观察（来访者和自我觉察）							

表 3 - 26　　咨询终结记录表

SHFWXM-XLZX-8

编号		姓名		性别		
咨询师		受理时间				
开始时间		结束时间			咨询总次数	
咨询结束原因						
结束时的状态						
咨询过程中的变化						
求助者的变化						
1. 求助者自己的评估： 2. 前后心理测验的比对： 3. 求助者周围人士的评估： 4. 社会适应的现实： 5. 咨询师的评估：						
今后注意事项及建议						

三、婚姻家庭咨询类表格

婚姻家庭咨询类个案记录表参见表 3 - 27。

表 3 - 27　　个案记录表（婚姻家庭）

SHFWXM-HYJT-1

编号：

姓名		性别		年龄	
职业		婚姻		出生地	
年收入		婚龄		学历	
面谈地点		子女数		子女年龄	
面谈时间		服务次数	次		
个案类别	A. 婚前教育　B. 婚姻中　C. 婚姻危机　D. 离婚后				
一、服务对象求助的主要问题					
二、咨询师面谈的目标					

三、面谈过程					
讨论事项		咨询师介入技巧、感受、介入重点			
1.					
2.					
四、咨询师的建议					
五、下次面谈的时间和服务计划					
六、面谈目标达成情况及咨询师的反思					
七、督导建议					
咨询师		日期			
督　导		日期			

四、其他社会服务项目表格

（一）会议类表格

在社会服务机构开展服务的过程中，需要召开一些会议，比如相关研讨会、座谈会、项目推进会等。如果涉及资金使用，就必须具备相关的材料。一般会议要有会议通知（见拓展阅读3-8）、会议签到表（见表3-28）、会议记录表（见表3-29）。

拓展阅读3-8　　关于举办社会组织参与社区治理研讨会的通知

SHFWXM-HY-1

×××××：

为了更好地推进社会组织参与社区治理，提升社会组织的服务，定于4月17—18日举办社会组织参与社区治理研讨会。现将有关事项通知如下：

一、会议内容

社会组织参与社区治理。

二、参加人员

民政局领导、社会组织负责人、高校专家。

三、时间与地点

会议时间一天半。4月17日下午13:30前办理报到手续，4月18日开会。地点为××宾馆。

四、其他事项

1. 住宿由会议主办方负责。

2. 请参与人员准备发言材料。

联系人：张××

联系电话：××××××××××

××市社工服务中心

2017 年 4 月 8 日

表 3－28　　　　**会议签到表**

SHFWXM-HY-2

日期：

序号	姓名	单位	职务	联系电话	签到
1					
2					
3					
4					
5					
6					
7					
8					
9					

注：姓名、单位、职务、联系电话四栏由承办单位打印，签到一栏由本人填写。

表 3－29　　　　**会议记录表**

SHFWXM-HY-3

会议主题		会议时间	
会议地点		记录人	
参会人员			
请假人员		迟到人员	
发言记录			

（二）培训类表格

培训类表格一般包括课程设置表（见表 3 - 30）、培训师资简介（见表 3 - 31）、培训教材讲义一览表（见表 3 - 32）、培训会场图片粘贴表（见表 3 - 33）、培训签到表（见表 3 - 34）、培训工作质量评估表（见表 3 - 35）、培训工作质量评估汇总表（见表3 -36）和培训总结(见表 3 - 37)。具体执行过程中可以根据会议实际进行相应调整。

表 3 - 30　　课程设置表

SHFWXM-PX-1

日期	时间	课程名称	主讲老师

表 3 - 31　　培训师资简介

SHFWXM-PX-2

姓名		职务/职称	
联系电话		电子邮件	
单位		通信地址	
研究领域			
其他相关经历			

表 3 - 32　　培训教材讲义一览表

SHFWXM-PX-3

类型	名称	作者	出版社	讲课老师
教材				
讲义				
PPT				
其他				

注：根据老师人数增减表格。

表 3-33

培训会场图片粘贴表
SHFWXM-PX-4

培训名称：	培训时间：
图片说明（写明授课时间、地点、授课老师姓名、授课名称）：	
粘贴图片处	

注：所有授课老师均提供一张照片。

表 3-34

培训签到表
SHFWXM-PX-5

序号	姓名	单位	职务/职称	联系电话	签到
1					
2					
3					
4					
5					
6					
7					
……					

注：姓名、单位、职务/职称、联系电话四栏由承办单位打印，签到一栏由本人填写。

表 3-35

培训工作质量评估表
SHFWXM-PX-6

评估内容	评估指标	评估等级				
		很满意	满意	一般	不满意	很不满意
培训设计	目标设定	5	4	3	2	1
	课程设置	5	4	3	2	1
	师资配备	5	4	3	2	1
培训实施	教学内容	5	4	3	2	1
	教学方法	5	4	3	2	1
	教学水平	5	4	3	2	1
培训管理	学员管理	5	4	3	2	1
	服务质量	5	4	3	2	1
培训效果	对推动工作帮助程度	5	4	3	2	1
	对个人成长帮助程度	5	4	3	2	1

表 3-36 培训工作质量评估汇总表

SHFWXM-PX-7

发放问卷（ ）份	回收问卷（ ）份	回收率（ ）
评估内容	评估指标	平均分
培训设计	目标设定	
	课程设置	
	师资配备	
培训实施	教学内容	
	教学方法	
	教学水平	
培训管理	学员管理	
	服务质量	
培训效果	对推动工作帮助程度	
	对个人成长帮助程度	

注：很满意=5，满意=4，一般=3，不满意=2，很不满意=1。然后计算平均分。

表 3-37 培训总结

SHFWXM-PX-8

培训主题		培训时间	
培训地点		记录人	
参加培训 人员情况			
培训取得的 成效与不足			

（三）社区活动类表格

社区活动类表格参见社区活动计划书（见表 3-38）。社会组织可以根据自身的类型对表格的内容进行调整。

表 3-38 社区活动计划书

SHFWXM-SQ-1

活动名称		活动性质	
日期及时间		负责社工	
开展地点		义工人数	
活动对象		预计参加人数	

活动开展背景（200 字内）

活动理念及理论架构（200 字内）

活动目的及具体目标
目的： 具体目标：

活动对象招募与筛选方式

活动评估方法

活动流程（须包括各部分的详细步骤、时间分配、所需物资）

时间	内容	具体安排	所需物资	负责人员

* 系列活动请复制追加表格，不适用请删去。

进度安排及人员分工

序号	完成日期	工作内容	负责人员
1			
2			
3			
4			
……			

所需物资及预算（如需向机构申请经费，请加填预算表）

序号	物资	单价	数量	总额	备注
1					
2					
3					
4					
……					

合计：

可预见困难及对策（安全、户外、降雨、风暴、老人、儿童、特殊群体照顾等因素，需有相应考虑）	
预见困难	解决方法
1.	
2.	
其他事项：	
社工签名：	日期：
督导批注：	
督导签字：	日期：

复习思考题

1. 社会服务项目微调的原则与主要内容是什么？
2. 社会服务项目任务分解的步骤有哪些？
3. 社会服务项目常规管理的主要内容是什么？
4. 社会服务项目方案执行需要考虑的主要问题有哪些？

推荐阅读书目

1. 项目臭皮匠. 项目百子柜：一本社工写给同行者的工具书［M］. 北京：中国社会出版社，2017.

2. 张书颖. 社会组织服务项目操作指南——以北京朝阳区和丰台区社会组织服务为例［M］. 北京：知识产权出版社，2013.

3. 何珊珊. 实践书写：深圳社工专业实务指引［M］. 广州：南方日报出版社，2013.

4. 郭景萍. 社会工作机构的运作与管理［M］. 北京：北京大学出版社，2015.

第四章　社会服务项目评估

本章要点

社会服务项目评估是用科学的研究方法对社会服务项目的设计、策划、实施和效果等方面进行的测度、诊断和评价的活动。评估目标主要包括：评价社会服务项目目标的实现程度、专业服务效果及项目资金的使用情况；总结社会服务经验，提炼社会工作服务技巧，提升社会工作服务水平；作为社会服务项目结项的依据，同时也为项目购买方确定项目执行方是否继续承担相关社会工作服务项目提供依据。在程序上，在准备阶段需要接受委托和明确评估目的、明确评估焦点和问题、制订评估计划、签订评估协议，在实施阶段需要进入现场、搜集和分析资料，最后需要撰写评估报告。在类型上，社会服务项目评估可分为过程评估和结果评估。

关键概念

社会服务项目评估　过程评估　结果评估

社会服务项目做得如何？效果怎样？资金使用是否合理？有没有遇到什么重大困难？下一步该如何做？怎么向出资方给出一个交代？这就需要通过评估来回答这些问题。

第一节　社会服务项目评估的内涵

一、社会服务项目评估的含义

社会服务项目评估是评估活动的一种类型，是针对社会服务项目而进行的评估，是用科学的研究方法对社会服务项目的设计、策划、实施和效果等方面进行的测度、诊断和评价的活动。评估使用的科学的研究方法并不限于定量方法，而是包括各种可以用于评估的方法，这些方法都是科学的和得到社会科学学术共同体普遍认可的。①

社会服务项目评估的具体对象是社会服务项目的计划、实施过程及结果。这里的社会服务可以是个人性的，也可以是群体性的或社区性的；其服务内容可能是救助和解困，也可能是预防和发展；服务可以是个案形式、团体形式，也可以是社区发展服务：这些服务都需要设计和策划，当服务方案和服务过程需要再考量，其服务效果需要测度和评价时，社会服务项目评估就开始了。

社会服务项目评估既包括社会服务的过程评估，也包括结果评估。前者是社会工作者为了有效开展服务而进行的评估，包括对服务对象需求的评估，对服务方案的评估及选择，以及对社会工作过程的评估；后者是对已开展的社会服务进行的评估，是对社会服务结果、效果和影响的评价。

二、社会服务项目评估的基本架构

（一）评估主体

社会服务项目评估是人们对社会服务项目相关活动的了解、测度和评价活动。从事社会服务项目评估的人或机构是社会服务项目评估的主体。

1. 社会工作者或社会服务机构评估

社会工作者或社会服务机构是社会服务的提供者，在服务提供过程中，也参与对服务的评估。一是前期对服务对象的需求评估；二是服务方案评估，即选择较优的服务方案；三是服务过程评估，即把握服务的进度，发现问题及时处理；四是服务结果

---

① 顾东辉．社会工作评估［M］．北京：高等教育出版社，2009：3.

评估，即对服务结果进行评估和总结。这种评估属于机构内部对项目的评估。

2. 相关上级和第三方评估

相关上级评估主要指由对某社会服务有管理权、检查权的政府部门、基金会或企业对社会服务项目的评估。上级评估面临的问题是，既是出资者，又是评审者，如何做出比较客观、公正的评价。在这种情况下，第三方评价机制被引入到项目评估中。第三方评估是由与服务提供者及其资助者无关的第三方机构对服务项目进行的评估。这种评估一般由专门评估机构或专家组实施，具有相对独立、科学和客观的特点。第三方评估逐渐为社会所认可，成为比较普遍的评估方式。上级评估和第三方评估属于机构外评估。本章主要讨论的是第三方评估。

（二）评估对象

社会服务项目评估的对象就是社会服务项目。社会服务项目是在一定时间内，运用一定的资源，按照预定的服务目标、服务内容和服务要求，为满足特定服务对象的需求而实施的一种活动。评估主要是考察社会服务是否实现了预先设定的目标，给出资方一个交代。

（三）评估目标

社会服务项目评估主要有三个目标：一是评价社会服务项目目标的实现程度、专业服务效果及项目资金的使用情况；二是总结社会服务经验，提炼社会工作服务技巧，提升社会工作服务水平；三是作为社会服务项目结项的依据，同时也为项目购买方确定项目执行方是否继续承担相关社会工作服务项目提供依据。

（四）评估方法

社会服务项目评估的最核心部分是评估方法，只有科学的、与被评估对象相适应的评估方法，才能产生科学的评估结果。只有通过科学评估，才能彰显评估的价值，也才能规范社会服务的发展，引领社会服务的发展。

评估首先要获得有关评估对象的信息。评估方法由信息载体和信息内容组成。信息载体是指用什么形式去获取信息，比如，问卷、访谈对话、服务对象举止都可能承载某些信息。信息内容指上述言语、符号包含的评估所需的意义。社会服务项目评估要选择能获得丰富内容的信息载体去搜集信息，以保证评估的科学性和有效性。要进一步补充说明的是，评估方法要与评估对象的特质相符合。比如，在对老人服务项目进行评估时，评估方法（包括具体提问方式和内容）就应该考虑到老人回答问题的便利。如果接受服务的老人不喜欢和不接受某种评估方式，他们就无法自如地表达想法、感受和意见，这就会影响评估的有效性。

三、社会服务项目评估的主要功能

近年来，由于“社会交代”潮流和管理主义的兴起，社会服务项目评估在社会工作中占据了日益重要的地位，其功能日益引起人们的重视。[①]

（一）促进社会服务的发展

社会工作是服务于有需求人士特别是困难群体的专业化的职业活动，其所有活动都以最有效地提供服务为目标。社会服务项目评估的首要功能是改善社会服务。社会服务以社会工作的专业价值观和专业方法为基础，但具备上述条件并不一定自然而然地达到有效提供服务和帮助服务对象的目标。在现实服务过程中，想当然地或经验主义地去应对复杂、变动的服务需求，绝不可能取得令人满意的服务效果。不管是大型社区发展项目，还是个案服务，都要在其重要环节开展评估，以明确问题和任务，改进和运用服务方法，从而更有效地达致服务目标。实际上，评估是一项贯穿社会服务全程的活动，科学的评估会积极地促进社会服务的开展，进而在总体上增进服务效果。

（二）社会交代

社会工作不同于志愿活动，必须向有关方面证明自己的效果及效率。作为现代社会分工的一种，社会工作向有关方面做出交代是必要的和必需的。作为社会服务的提供者，社会工作要用事实来说明自己对增进社会福利的贡献。作为社会资源的使用者和分配者，社会工作要对工作的有效性和效率做出说明。对服务效果、投入—产出情况的说明要建立在有事实根据的、科学的说明的基础上，其方法就是社会服务项目评估。

（三）服务提供者的自我发展

社会工作需要不断发展和创新，社会工作者也需要不断成长，这是由服务任务的复杂性、变动性和社会服务需求的不断发展所决定的。社会工作者要提高自己的服务能力有多种渠道和方法，比如，通过继续教育、经验交流和强化实践等来实现。而一个有效措施就是对开展的社会服务进行评估，包括自我评估和外评估。社会服务项目评估以客观态度和科学方法为基础。社会工作者以服务于有需求的人士特别是困难群

① 顾东辉．社会工作评估［M］．北京：高等教育出版社，2009：19-21.

体为己任，不忌讳自己的不足被发现和指出。正是这种开放的、进取的态度，使得社会工作者在知不足时奋起，不断充实和发展自己。

（四）促进社会工作学科的发展

社会工作不但需要科学实践，而且需要科学理论做指导，而科学理论来自系统知识的积累。社会工作理论包括基本理论和实践理论，基本理论有相当一部分是外借理论，而实践理论则来自社会工作研究特别是对社会服务经验之总结。在总结经验、提炼理论的过程中，那些研究性评估发挥着重要作用。研究性评估以一定的理论或方法论为基础，深入分析实务经验，通过比较和提炼得出具有普遍性的经验并加以理论化，就形成了一定形式的理论。这些理论或者对已有经验进行补充，或者得出有异于其他国家和社会的“本土知识”。这些知识的提炼和创造又对社会服务实践产生指导作用，并在社会服务实践中接受检验和补充而得以进一步完善。另外，通过研究评估可以形成一些好的案例供教学使用，这也会促进社会工作学科的发展。

第二节　社会服务项目评估的一般过程

社会服务项目评估的一般过程包括准备阶段、实施阶段和撰写评估报告阶段。每个阶段又有相应的任务安排。

一、准备阶段

在社会服务项目评估的准备阶段，要明确谁来评估、为什么评估、评估什么，以及如何评估等一系列问题。此阶段的重要产出是制订一份科学可行的评估计划，并以此为基础签订评估协议。

（一）接受委托和明确评估目的

社会服务项目评估研究一般源自委托方的评估需要。其中，委托方包括社会工作服务或项目的出资者、购买者、监管者和执行者等多类主体。委托方的需求表现不同，相应的评估目的也就不同。评估者需要与评估委托者共同明确评估目的。①

① 顾东辉. 社会工作评估［M］. 北京：高等教育出版社，2009：45.

1. 接受委托

评估委托者是具有评估需求，要求对社会工作服务或项目进行评估的一方。评估委托者可以是社会服务或项目的资助者、购买者、监管者或执行者，如出资举办社会工作服务或项目的基金会，资助、购买和依法监管社会工作服务或项目的政府部门，承接和执行社会工作服务或项目的社会工作机构。这些机构在需要对某项社会工作服务或项目进行评估时，会通过邀请、指定、协议、招标等方式寻找评估者。评估者大致有两种类型：一是机构外评估者，如独立的评估机构、大学等科研组织中从事评估工作的研究者等。这些评估者往往具有较强的评估专业能力，可以保持中立和客观性，但也存在对项目细节不完全了解等弱点。二是机构内评估者，如机构内专门从事评估工作的职能部门和人员。这些评估者往往对项目比较了解，与项目执行方的关系融洽，可以较快地进入评估过程，但由于过于接近被评估的项目，中立和客观性可能会有所缺乏。

2. 明确评估目的

在接受评估委托后，评估者应明确此次评估的目的。因为只有明确为什么评估，才能决定评估什么、如何评估。一般而言，评估目的大致分为两种：一是改进服务或项目。在这种情况下，评估委托方一般仍想继续项目或者项目还在进行中，他们希望通过评估来改善项目执行，提高服务质量，即所谓的“以评促改”。以此为目的的评估一般称为形成性评估。二是总结判断服务或项目。在这种情况下，项目一般已经结束或临近结束，评估委托方想通过评估对项目进行全面总结，有时还会根据评估结果决定是否继续项目。以此为目的的评估一般称为总结性评估。

（二）明确评估焦点和问题

在接受委托和明确评估目的后，评估者应在初步了解被评估项目情况的基础上，与评估委托方或项目方讨论确定评估焦点，提出清晰的评估问题。

1. 明确评估焦点

社会服务项目有五个维度：对项目的需求、项目的设计、项目的实施、项目的影响或结果、项目的效率。据此，一般的社会服务项目评估可以有五个焦点。

（1）服务对象需求。即预估服务对象有什么需求，以此作为其后社会工作项目或服务设计的基础——社会工作的基本理念之一就是通过服务回应服务对象的需求。

（2）项目的理论与设计。即对社会工作项目或服务所依据的理论进行评估，判断其是否有效，是否可以用于指导项目的设计，并产生预期的效果。

（3）项目过程。即评估社会工作项目的执行是否按照预先设计的进行，此评估用于过程或流程控制。

（4）项目结果。即评估社会工作项目是否具有影响，一般指项目的服务对象在行为、态度和认知等方面是否发生了预期改变。

（5）项目效率。即对社会工作项目的投入—产出比进行评估，以判断项目是否善用资源，通过有限投入获得最大产出。

2. 提出评估问题

在明确评估焦点后，评估者应结合被评估项目的实际情况，与被评估项目方共同讨论研究，提出清晰、具有针对性与可行性的评估问题。常见的评估问题见表 4－1：服务对象的需求是什么？服务或项目能否满足服务对象的需求？服务或项目的目标是什么？是否已实现？服务或项目的实际实施过程如何？是否按计划进行？服务或项目的结果或效果如何？服务或项目的效率或投入—产出比如何？服务或项目还需要延续或者改善吗？①

表 4－1　　常见的评估问题类型与形式

问题类型	具体问题
有关需求评估的问题	1. 问题的本质与范围是什么？
	2. 人群的需求是什么？
	3. 需要什么样的服务？
	4. 所需服务的规模多大？在什么时候需要？
	5. 为了将服务提供给人群，应该安排怎样的传输渠道？
有关项目理论的问题	1. 应该为什么样的服务对象提供服务？
	2. 提供什么样的服务？
	3. 对服务而言，最好的传输渠道是什么？
	4. 项目怎样才能确定、重新招募和保证既有服务对象数量？
	5. 应该如何组织项目？
	6. 对于项目而言，怎样的资源是必需而又合适的？
有关项目过程的问题	1. 达到了行政性和服务性目标吗？
	2. 既定人群得到了既定的服务吗？
	3. 是否存在需要此类服务但服务还未涉及的人员？
	4. 在服务过程中，是否针对足够的服务对象完成了服务项目？
	5. 服务对象对服务满意吗？
	6. 行政的、组织的以及个体的功能是否得到了充分的发挥？
有关项目结果的问题	1. 所需要达到的目标是否已经达到？
	2. 服务对参与者是否有有利的影响？
	3. 服务对参与者是否有负面的影响？
	4. 服务对某些参与者的影响是否比对其他人的要大？
	5. 服务试图改善的问题或情况是否有所改善？

① 顾东辉. 社会工作评估［M］. 北京：高等教育出版社，2009：49.

续前表

问题类型	具体问题
有关项目效率的问题	1. 资源是否被充分利用？
	2. 与收益最大量比较，成本是否合理？
	3. 是否还有其他的方法能够帮助降低成本并获得同样的结果？

（三）制订评估计划

在明确谁来评估、为什么评估、评估什么之后，评估者应思考如何评估的问题（见表4-2），即在分析各项可用资源后制订出兼顾科学性和操作性的评估计划。

表4-2　评估设计需要解决的问题

序号	具体问题
1	评估应该在何时何地开展？
2	要搜集哪些资料？
3	这些资料最好向哪些人搜集或搜集什么？
4	这些资料该如何搜集？
5	需要测量哪些变量？
6	对这些变量应该如何进行测量？
7	如果有需要，要控制哪些其他变量？应该如何控制这些变量？
8	所搜集的资料该如何组织和分析？
9	评估结果应该如何发表和运用？

1. 提出评估研究策略

作为应用性社会研究，社会服务项目评估可以采用社会研究的各种研究策略，如定量研究、质性研究，或者混合设计研究。简单而言，从技术层面上讲，定量研究是使用实验、社会调查、结构性观察、内容分析和官方统计等方法获得数字数据进行分析研究的一种方法。质性研究是通过深度和开放式的访谈、直接观察和书面文书等方法搜集非数字数据（包括文字，可视的图片、画面和实物等形式）进行分析研究的一种方法。混合设计则结合了定量研究和质性研究的策略。

2. 进行评估设计

在选择评估研究策略后，应该进行相应的评估设计。在评估设计时必须注意信度和效度问题。在社会服务项目评估设计中还应关注：资料搜集工作是否符合一般研究伦理？在保证科学性的基础上，资料的组织和分析是否有利于改善项目，或赋予项目各方权能？①

① 顾东辉．社会工作评估［M］．北京：高等教育出版社，2009：51.

3. 确定时间进度与经费预算等问题

评估者在制订评估计划时还应该考虑如何协调和组织人力、物力和财力，在规定的时间内完成评估。最重要的是完成三项任务：第一，制订紧凑有序的评估时间进度表，将整个评估过程分解为若干步骤或环节。第二，制订合理的经费预算，确定评估总费用以及不同任务不同阶段所需开支的经费。第三，合理分配人力资源，确保各个步骤或环节都有合适的研究人员投入。

（四）签订评估协议

一般而言，在委托评估的准备阶段还要签订评估协议（见拓展阅读 4－1）。通过协议的签订，可以进一步明确评估的类型、焦点和问题，并明确评估委托方和评估者之间的权利和义务，确定评估的时间进度和经费等问题。

拓展阅读 4－1　　**委托评估协议书**

编号：

委托方（甲方）：

受托方（乙方）：

兹有甲方委托乙方对××项目进行评估。乙方接受甲方委托。双方经协商达成以下约定：

一、委托评估事项

（一）项目评估范围：××××项目（以下简称××项目），共计××项。

（二）项目评估的主要内容：×××。

（三）项目评估的时间要求：××年××月××日至××年××月××日。

（四）费用及付款方式

1. 本协议的评估费为人民币××（大写）元，该费用包括完成评估工作的所有运作资金、人员工资等有关费用。

2. 付款方式：甲方应在本协议签订后 20 个工作日内向乙方预付××％项目评估费，其余××％项目评估费在乙方提交评估报告后付清。

经费划拨至如下账号：

开户行：

开户名：

开户账号：

二、双方权利和义务

（一）甲方的权利和义务

1. 甲方的权利

（1）甲方对乙方的评估及报告撰写过程享有指导权，对乙方撰写的评估报告成果享有知识产权。

（2）甲方有权对乙方在评估工作开展过程中各项工作目标的完成情况、评估经费使用及各项评估指标落实情况进行监督，必要时提出修改意见和建议。

（3）对于监督过程中出现的问题，甲方有权对乙方提出整改要求。乙方在整改后仍不能满足开展评估工作条件的，甲方有权终止协议并向乙方追讨全部经费。

2. 甲方的义务

（1）按照合同规定如期向乙方拨付评估工作经费。

（2）协调各业务主管部门、各项目承办机构，尽力解决评估工作中遇到的问题，为乙方提供必要的支持和帮助。

（二）乙方的权利和义务

1. 乙方的权利

乙方按本协议规定获得评估工作经费；为完成本次评估工作，可以向甲方提出给予必要支持的要求。

2. 乙方的义务

（1）按照约定完成项目评估工作，出具真实、完整、专业的项目评估报告。由于受项目评估工作性质的约束以及项目执行单位内部控制制度的固有局限性和其他客观因素制约，存在着某些重大错报可能未被发现的风险，因此，乙方的评估责任并不能替代、减轻或免除项目执行单位的项目管理责任。

（2）对在执行业务过程中知悉的项目执行单位的组织机密严加保密。除法律另有规定外，未经项目执行单位同意，乙方不得将其知悉的组织机密和项目执行单位提供的资料泄露。

（3）根据项目实际完成情况和甲方要求，分期分批出具评估报告（如因项目执行单位未能及时提供评估资料等原因造成延期的，另行商定）。

三、违约责任

1. 任何一方未履行约定，另一方有权要求对方履行或终止本合约，并保留要求对方赔偿损失的权利。

2. 对于甲方原因造成乙方工作进度延期，甲方不得追究乙方责任。对于乙方因自身原因未能及时有效地履行本合约，甲方有权不支付相应的评估费用，直至终止合约。

3. 甲乙双方均应按照《中华人民共和国合同法》承担违约责任。
4. 本协议书一式四份，甲乙双方各执两份，具有同等法律效力。

甲方（盖章）：	乙方（盖章）：
法定代表人（签字）：	法定代表人（签字）：
联系人：	联系人：
地址：	地址：
邮编：	邮编：
电话：	电话：
传真：	传真：
日期：××年××月××日	日期：××年××月××日

二、实施阶段

评估者在实施阶段的任务是将在前一阶段制订的评估计划付诸执行，主要工作包括进入现场、搜集和分析评估所需资料。

（一）进入现场

社会服务项目评估需要评估者进入机构或项目现场，与项目各方（包括服务对象）进行沟通互动，通过观察、访谈以及非介入性分析等方法搜集经验资料，并对此加以分析和组织。因此，成功地进入现场是评估者在实施阶段的第一项重要工作，决定着今后评估研究的成败。①

1. 建立信任关系

评估者要成功进入现场，就必须与项目各方建立信任关系。一方面，社会服务项目评估者应该遵守社会工作伦理，尊重人和信任人。另一方面，评估所需的许多资料掌握在有关项目人员和服务对象手中，只有与他们建立信任关系，才能获取资料。在初期要着手建立信任关系，首先，评估者要通过一定的“仪式”表明自己开始进入现场工作，例如，由评估委托方向项目各方正式介绍评估者；其次，评估者要以真诚的态度争取项目各方中关键人物（如项目负责人）的理解和支持，并在其协助下认识其他人员，逐步建立信任的工作关系。在这个过程中，评估者应该坦诚地告知评估目的、

① 顾东辉. 社会工作评估［M］. 北京：高等教育出版社，2009：54.

焦点、问题和计划，尤其是应该说明评估对于改进服务和提升服务对象福利的重要价值，以凝聚共识，获取支持。

2. 重估评估计划和文献回顾

评估者在进入现场后的另一项重要任务是：进一步了解项目信息，重估自己在准备阶段中确立的评估计划。经过重估，如果确实需要对评估计划进行修改和完善的，应该立即着手进行，并及时与评估委托方和项目各方进行沟通。项目信息资料包括各种项目介绍、统计资料、会议记录、工作日志、内部文件等。评估者通过对这些信息资料的阅读分析，可以进一步了解项目的目标、理论基础、实施计划等方面。此外，在重估评估计划中，进一步的文献回顾是十分必要的。评估者可以通过文献回顾，对项目理论有更清楚的认识，选择更加合适的评估测量工具。

（二）搜集和分析评估所需资料

成功进入现场后，评估者应该依照评估设计着手搜集和分析有关资料。其中，有三个问题比较重要：选取资料搜集对象（抽样），明确资料搜集方法，确定资料分析方法。评估者应该根据评估需要，选择既能确保评估科学性又经济易行的抽样方案。一般而言，如果要推论总体，评估者应该采用随机抽样。但是，非随机抽样也有其作用，因为在探索性调查中就可以采用非随机抽样。尤其是，质性评估研究一般使用非随机抽样，并会在抽样中根据评估需要有目的地选择有代表性或典型性等特征的样本，这种抽样方法又称为目的性抽样。

在确定资料搜集对象后，评估者可以通过观察、访谈以及非接触性方法等手段搜集资料。在定量研究策略中，这些资料搜集方法往往是结构性的或事先设计好的，用来搜集可用于统计分析的数字。常见方法包括结构性访谈法（包括问卷调查、电话调查及网上调查等形式）、结构性观察法、内容分析法，以及二手资料或既有统计资料分析法。在质性研究策略中，资料搜集方法往往是无结构的或半结构的，并不一定是事先设计好的，而是可以根据评估的需求和进程加以灵活调整，其主要用来搜集文字、图片、影像以及实物等资料，有时也包括简单的数字资料。常见方法包括深度个人访谈法、焦点小组讨论法、非结构性的系统观察或实地观察法等。

评估者在搜集到原始资料后还需对其进行整理分析。在定量研究中，资料分析方法主要是统计方法，即对搜集到的数据经整理后直接进行统计分析，或者将搜集到的资料（如文字）通过编码等技术转变为数字后再进行统计分析。比如，在服务对象对项目的满意度调查中，服务对象表示满意的人数和比例属于单变量统计中的频次和频率统计；如果让服务对象对满意水平打分，则其均值和标准差属于单变量统计中的集中趋势统计和离中趋势统计；如果用调查所得的服务对象满意率推论总体满意度，则属于推论统计中的点估计；如果要分析服务对象在参加项目前后的满意度有无显著差异，就需要运用到假设检验。在质性研究中，资料分析法有两种思路：一种是“化繁为简”，即对庞杂的文字资料进行编码简化，提炼出主题并根据所要回答的问题将这些主题联系在一起；另一种则是“由浅入深”，即对文字资料进行反复阅读，读出其字里行间的含义，然后进行阐释和呈现。

三、撰写评估报告阶段

社会服务项目评估的一个成果是形成书面的评估报告。根据评估目的，评估报告将会被提交给评估委托方或者项目有关方，甚至有时还会以适当形式予以公开。

（一）评估报告结构

评估报告的结构一般包括标题、导言、评估方法、评估发现、结论与建议、参考文献和附录（见拓展阅读 4-2）。①

拓展阅读 4-2　　评估报告的结构

1. 标题。一般包含被评估项目名称以及评估焦点（需求评估、项目理论评估、过程评估、结果评估、效率评估或综合性评估）。

2. 导言。一般介绍项目评估的背景、原因以及目标，陈述评估问题。一些评估报告的导言还会简要介绍整篇评估报告的结构。

3. 评估方法。介绍评估采用的设计方法以及具体步骤，包括资料搜集和分析方法等方面。

4. 评估发现。详细陈述评估的发现：需求评估报告的重点是描述服务对象的需求，项目理论评估报告的重点是项目理论的检验结果，过程评估报告的重点是对项目实施过程的描述和分析，结果评估报告的重点是对项目结果进行描述和判断，效率评估报告的重点是对项目效率进行描述和判断。

5. 结论与建议。对评估发现进行总结，并据此提出相关对策建议。

6. 参考文献。罗列评估中所参考的各项文献名称。

7. 附录。一些评估报告还可以将评估中涉及的重要文献、评估工具等内容作为报告的附录。

---

① 顾东辉. 社会工作评估［M］. 北京：高等教育出版社，2009：58.

（二）评估报告评价标准

一篇好的评估报告基本上会包含上述部分。除了结构和内容完整、语言表述清晰流畅外，对评估报告质量的评价一般还有以下标准（见拓展阅读 4-3）。

拓展阅读 4-3　　评估报告评价标准

1. 评估目的和问题是否陈述清楚？
2. 评估设计是否合理？是否与评估目的和所要回答的评估问题相匹配？
3. 评估过程是否已经得到详细描述？
4. 搜集的资料是否充足和可信？对资料的分析是否准确？
5. 评估发现是否基于所搜集和分析的资料？
6. 评估结论是否基于评估发现？
7. 对策建议是否基于评估？是否合理并具有针对性和可操作性？
8. 在评估研究中是否参考了必要文献并在文献参考部分将文献名列出？

以上标准将有助于读者对评估研究的信度和效度进行判断。当这些标准都达到时，评估本身和评估报告都是高质量的。

（三）报告评审

为了确保评估报告的质量，有时评估者或评估委托方还会对撰写好的报告进行评审。评审一般有两种方法：一是同伴咨询，即将评估报告交给同行专家评阅。这些专家会检查评估方法是否科学，并依据评估报告中的方法和资料推演结论是否可以接受。二是成员检查，即将评估报告所涉及的资料交给项目各方（尤其是服务对象和项目执行方）确认。这可以在一定程度上检查资料的准确性以及评估者对资料的解释是否与资料提供者的原意相符。

第三节　社会服务项目的过程评估[①]

一、过程评估的内涵

（一）基本概念

过程评估，又叫形成性评估，是在服务提供或者项目执行过程中开展的一种

① 社会服务项目过程评估的示例见附录 2。

评估活动。它通过对服务活动过程或项目实施过程及形式的评估，了解服务提供或项目实施是如何进行的，服务或项目活动是否实现了预期目标，服务手法或项目执行方式对目标完成是否具有效能与效率，从而发现服务或项目执行过程的优点和缺点，以便制定解决问题的策略，帮助服务提供者和项目执行者复制计划或修订计划。①

（二）评估目标

（1）说明公信力。过程评估旨在评估服务机构是否合理使用社会资源，为有需求者提供需要的、合适的、足够的服务，从而回应服务资助方的期望。服务机构自身希望通过评估证明机构的工作效率、管理能力和公信力，从而为以后获得社会资源奠定基础。

（2）发展和完善服务计划。过程评估能提供丰富资料来表明服务计划的运作机制和程序，为服务实施提供改进建议，从而完善服务计划。

（3）帮助他人建立相关的服务或网络。目前的服务可以怎样延伸、复制到其他领域？如果某项服务计划可以帮助抑郁症患者康复，那么，这个服务计划就可以在其他地区进行推广。这就需要提供关于服务对象、工作人员的有关信息和情况，以及机构各部门之间的合作和配合情况。

二、过程评估的工作步骤

过程评估除了需要参照社会服务项目评估的一般步骤外，还要留意在评估时间确定、研究问题确定以及资料搜集范围等方面的自身特性。

（一）确定评估时间

过程评估是一种进行式过程，而不是某个时间点上的分析。委托方或机构自身需要决定在什么时候进行过程评估。时间点的选择非常重要，因为很多机构的主要工作是提供服务而不是进行评估。选择评估时间需要考虑至少两方面的因素：一是能否提供初步评估报告给机构职员。初步的分析结果有助于评估者发现操作性问题、发挥机构职员的能力，以开展自己的持续性评估和日常的监督工作。二是评估研究的干预结果是短期的、中期的还是长期的，评估是否提供了最大的可能性让干预发挥功效。时间点的选择需要根据干预结果的性质来决定。

① 顾东辉．社会工作评估［M］．北京：高等教育出版社，2009：209.

（二）需要考虑的因素

（1）机构或服务的使命、目标、目的是否可行？是否有足够资源？是否具备专业知识背景？

（2）在机构的文件和报告、社会工作文献或者网络资源中包含了相同的信息，相关的机构服务或干预计划记载了多少相关信息？评估者最关心的两个关键问题是：先前机构的努力是否会产生很有用的模式，并可以在实务服务中进行复制？先前失败的案例是否能够给现在的评估提供足够的信息？

（3）机构是否有足够资源（如职员的时间和专业）来配合评估？一些附带设备（如所需物质、设备配置、硬件、软件）及这些系统提供支持的能力如何？

（4）确定评估范围应该考虑三方面因素：应该将什么目标人群包括进来？是否有服务人口过多效应？当事人在干预开始前的状态与当事人接受干预后的理想状态之间的差距是怎样的，干预如何缩小了这个差距？

（5）评估者还要吸收决策者、专业人士、当事人和其他相关人士参与。所有这些人士的观点和看法都给评估者提供了大量的、丰富的、来自不同立场的信息。

（三）提出研究问题

开展过程评估需要确定候选研究问题，提出研究问题，并提出研究架构，以指导评估的策划过程，协助选择研究方法，以及决定如何解释研究结果。

1. 界定评估问题的范围

评估问题一般由项目官员或者服务提供者、评估专家、赞助方和其他相关利益群体提出。评估问题应该涉及服务或者项目的整个运作过程，包括谁参与、做了什么、有多少服务内容、项目和服务的产出如何等。过程评估的问题必须能提供足够信息判断下列内容：项目活动是否完成？项目活动的质量如何？项目活动是怎样顺利实施的？项目活动是否涉及了既定目标人群？外部因素怎样影响项目传递？只有获得对上述评估问题的答案，才能对服务项目做出准确评价，并发现项目哪些方面做得很好以及哪些地方需要进一步改进。[①]

2. 确定评估问题的步骤

最有意义的评估问题应该能反映不同利益相关人群的观点、看法、项目活动的主要内容，还可以搜集到最有价值的信息。一般来讲，需要遵照如下步骤：

（1）全面了解利益相关人群的组成，认真阅读有关文字材料，包括项目的逻辑框

① 顾东辉. 社会工作评估［M］. 北京：高等教育出版社，2009：214.

架、工作计划以及与项目活动有关的文件和报告。

（2）针对某个具体项目活动，进行集思广益式的问题搜集。运用项目的逻辑框架，根据计划，按照项目的投入、活动、产出的顺序，来发展评估问题。

（3）将发展出来的问题，按照不同利益相关人群来进行分类。这个过程可以帮助我们了解要回答这些问题需要什么资源。

（4）确定探索哪些问题。根据下列标准，可以确定问题的重要程度：对项目利益相关者非常重要的，提出了重要的项目需要的，反映了项目的主要目标的，反映了项目逻辑框架的主要成分的，很容易在现有条件下得到答案的，很容易在一定时间框架内回答的，能为项目改进提供重要信息的，会得到项目官员支持的。

（5）在确定探索哪些问题后，还需要确保这些问题与项目的逻辑框架、工作计划有内在逻辑关系。

（6）要明确评估小组的个人分工，明确谁负责搜集资料、以什么方式来搜集资料、谁负责分析资料等。

（四）资料搜集

过程评估既需要现存资料（第二手资料），又需要第一手资料，因此其资料来源是多元的。其中，现存资料包括：项目计划书、工作计划、年度总结、相关新闻报道、项目活动记录、项目通讯、内部会议记录、当事人个人记录等。第一手资料包括：通过问卷调查、焦点小组、访谈、实地观察等方式，针对项目的管理者、工作人员、受益人群、赞助方等搜集的原始资料。

由于过程评估的针对性非常强，也有明确的问题导向，因此，回答不同问题要依托不同来源的资料。一般而言，不同问题最好有不同的资料来源。

1. 关于项目质量

在评估项目质量方面的问题时，就会涉及预算过程，需要回顾会议记录来了解决策过程，还要阅读服务对象的记录以了解其需求；此外，还要搜集项目政策手册、项目日记、观察记录、媒体报道、立法报告、访谈等相关资料。

2. 关于项目运作

要评判项目是否如当事人预期的那样运作，需要搜集项目政策手册、项目日记、观察记录、当事人记录、访谈等方面的资料。

3. 关于项目开发的缘由

要回答这个问题，需要搜集项目策划的所有文件、各次会议纪要、理解备忘录、项日申请书、需求评估报告等方面的资料。

由于过程评估属于社会工作比较特别的阶段，因此，需要用什么方式搜集资料，与需要回答的评估问题有关。例如，要回答服务计划和项目是怎样发展出来的，可以采用文件阅读和回顾等方法；要回答项目的运作过程是怎样的，可以采用文件阅读和回顾、实地观察、问卷、访谈等方法；要回答项目是否按计划进行，可以采用文件阅读和回顾、实地观察、访谈等方法；要回答项目受益人群情况，可以采用实地观察、问卷、焦点小组、访谈等方法。

（五）资料分析和报告

在资料搜集之后，要对资料进行分析。过程评估的资料可以分成定量资料和质性资料两种，不同资料的分析需要按照相应的方式进行。

1. 定量资料的处理

通过问卷搜集的资料可以按照问卷资料处理的程序来进行，包括对问卷进行整理、编码，然后使用 SPSS 软件，将资料输入，进行相关的统计和分析，最后得出一些有助于回答评估问题的数据和表格。[①]

2. 质性资料的处理

研究人员在对过程评估所得的质性资料进行分析时，需要对计划、被访者及其回答，特别是评估项目（服务计划）的背景有深入理解。研究人员要有非偏向性的评判，要判断不同回答的重要性和相关性。

3. 报告

资料分析完成之后，就需要撰写评估报告。评估报告一般包括以下几方面的内容。

（1）介绍：初步介绍评估的起因、目的和具体要求。

（2）项目（服务计划）执行总结：介绍项目（服务计划）的目标、目的、逻辑框架、进展、已取得的成绩等。

（3）评估过程：包括评估的人员构成、评估方法、评估的范围、评估的问题、评估的时间安排和行程等。

（4）资料搜集：包括各种现存资料和第一手资料搜集的过程。

（5）结果发现：根据资料分析的结果，来回答评估问题。

（6）建议和启发：对项目（服务计划）的运作进行评价，总结成功之处、不足之处、未来的改进方向、对其他同类项目（服务计划）的启发。

（7）参考文献。

（8）附录：各种支持结论的依据。

报告方式可以根据评估委托方的要求进行，有的是口头汇报，有的是书面报告，

---

① 顾东辉. 社会工作评估［M］. 北京：高等教育出版社，2009：217.

还有的是两者结合在一起。评估方在向评估机构正式提交报告之前，最好能与项目执行方、受益人群、出资方等进行沟通，听取他们对评估结论的意见，并及时补充相关资料，以确保评估报告最大限度地反映项目的真实情况。

（六）评估者的态度

评估者在进行过程评估时应该注意如下几种态度：一是保持谦卑的态度；二是保持耐性，在没有立即受到重视时不要太灰心；三是重视评估问题的实用性，管理需要的是实用的协助而非纯理论；四是针对可评估的议题，不要在不可行的议题上浪费时间和资源；五是不做数据的奴隶，数据无须贪多而要有意义；六是报告要通俗易懂；七是开展自我评估；八是有肯学习的心态。

第四节　社会服务项目的结果评估

社会服务项目的结果评估主要考察社会服务项目干预给服务对象带来的改变。结果评估对于评估社会服务的干预效果，改进服务方式，提高服务质量具有重要意义。

一、结果评估的内涵

一般而言，结果指社会工作干预所带来的服务对象的改变。结果评估就是以测量和判断此种改变为焦点的一种评估模式。

（一）结果的含义

结果评估是一种测量和判断社会工作干预结果的评估模式。因此，正确理解结果的含义是开展结果评估的前提。在社会服务项目评估中，一般采取以人为本的观点，把服务对象的生活质量的改变视为结果。[①]

1. 结果

结果的定义相对比较简单，即项目的结果就是发生在项目所覆盖的目标对象身上的改变。比如，某服务对象在参加社会工作个案辅导前的贝克焦虑量表得分是 54 分（一般将贝克焦虑量表总分大于或等于 45 分作为焦虑阳性的判断标准），参加辅导后的得分是 40 分，则项目的结果是：ΔCP＝CP2－CP1＝54－40＝14。

① 顾东辉. 社会工作评估［M］. 北京：高等教育出版社，2009：227.

需要注意的是，项目可能会带来服务对象不同方面的改变，而且不同视角对如何理解服务对象的改变也不尽相同。所以，在定义某特定项目的结果时，往往需要项目各方进行协商，以对改变或结果达成共识。例如，通过前述个案辅导，服务对象的抑郁情绪也可能得到了舒缓。但是，项目各方达成共识，将辅导目标设定为舒缓焦虑情绪。在这样的情况下，服务对象焦虑感的减少被视为项目的结果，而服务对象抑郁程度的降低则不被视为项目所欲求的结果。

2. 结果的生活质量观

社会工作是以人为本的专业，因此对社会工作服务项目结果的理解一般也采用以人为本的视角。马丁和凯特纳以服务对象为中心，提出了社会项目结果的服务对象“生活质量”观点，认为干预结果表现为促进了服务对象生活质量的变化。[①] 所谓生活质量变化，指向欲求的服务对象状况、地位、行为、功能、态度、情感或感知的方向发展；或者反之，向非欲求的上述方向发展（见表 4-3）。

表 4-3　服务对象生活质量变化举例

类型	具体事例
向欲求方向发展的例子	1. 状况：流浪者找到了栖息或收容场所 2. 地位：失业的服务对象找到了工作 3. 行为：有偏差行为的青少年学校出勤率上升 4. 功能：服务对象的应对技能提高 5. 态度：有偏差行为的青少年对教育的重视程度上升 6. 情感：服务对象的社会归属感上升 7. 感知：服务对象的自尊感程度上升
向非欲求方向发展的例子	1. 状况：流浪者露宿街头的人数降低 2. 地位：滥用药物的工人的工作缺勤日数下降 3. 行为：有偏差行为的青少年逃学次数下降 4. 功能：配偶间发生冲突的频率下降 5. 态度：有偏差行为的青少年用武力解决问题的频率下降 6. 情感：服务对象对环境控制的无力感下降 7. 感知：服务对象对少数族群的偏见下降

（二）结果评估

结果评估是以测量和判断社会工作干预结果为主要目的和内容的一种评估模式，具有自身的特征和作用。

1. 结果评估的特征

（1）评估的焦点是社会服务干预的结果。如前所述，一般而言，社会服务项目评

① MARTIN L L，KETTNER P M. Measuring the performance of human service program. Newbury Park，CA：Sage，1996.

估有五个维度：对项目的需求、项目的理论与设计、项目的实施过程、项目的影响或结果、项目的效率。有时，项目服务的质量也是评估的维度。但是，结果评估的焦点不是评估项目需求、理论设计、实施过程和效率，而是服务或项目干预的结果。

（2）评估的内容是评鉴社会服务干预的结果。大致包括两方面：一是对结果进行实证性的测量，以描述结果的现状；二是依据服务或项目目标及有关标准（如结果指标），对结果处于何种状态加以规范性判断。

（3）结果评估可以是事后一次性的，也可以是多次和全程性的。一般而言，结果评估在服务或项目结束后进行，是一次性的。但是，有时为了评估社会工作干预的长期或最终效果，也会在服务或项目结束后进行多次评估。另外，结果评估可以是全程性的，贯穿于项目的全过程，通过评估为改善服务或项目管理提供依据，是绩效管理尤其是结果管理的一种重要手段。

2. 结果评估的作用和局限性

评价社会工作的关键在于评估其能否真正以服务对象为本，促进人与环境的变化，尤其是服务对象生活质量和福利的提升。而这正是结果评估的目的和内容。因此，结果评估首先是评价社会工作价值和有效性不可缺少的方法。其次，结果评估还是促进社会工作绩效管理的重要手段之一。最后，结果评估往往采取结果的生活质量观，把服务对象在知、行、意或一般幸福感等方面的改变视为社会工作项目或服务的结果。

结果评估也具有局限性。首先，大多数结果评估不能清晰地揭示引发服务或项目结果的因素及其与结果之间的因果关系，因而无法有效地考察项目理论、在完善项目理论设计方面发挥作用。其次，结果评估的内容一般不涉及项目活动过程的描述，不能清晰地揭示项目过程对项目产出和结果的影响，无法在改善项目实施方面发挥作用。

二、结果测量的主要方法

发展科学的结果测量方法是结果评估中的重要环节。结果测量的四种常用方法有：计数、标准化测量、功能水平量表、服务对象满意度。这些方法可以互相结合，共同运用于结果测量中。

（一）计数法

计数法是结果测量中最简单的一种测量方法，属于定类测量。首先，其将结果状况进行二分，如有变化与没有变化、达到目标与没有达到目标。其次，分别计算人数并以此来反映结果。比如，某禁毒社会工作的目标是预防目标人群复吸毒品。在结果评估时，可以将干预后的服务对象行为状态分为两类——复吸与没有复吸，然后计算没有复吸的服务对象人数，人数越多，表明干预效果越好。在评估一些大型社会工作项目时，往往会在计数的基础上计算比例，作为衡量干预效果的指标。比如，在评估预防青少年犯罪项目时采用犯罪率指标，在评估就业援助项目时采用再就业率指标，在评估禁毒项目时采用复吸率指标等。①

（二）标准化测量法

在结果评估中，如果需要测量一些比较抽象和复杂的概念，可以采用标准化的测量工具。常见的是各类量表，它们由相关条目组成，一般需要服务对象、社会工作者或评估者依据这些条目分别进行评定，最后进行计算（常见的是计算总分）。这些量表一般经过了长期的检验，具有较好的信度和效度。比如，某青少年服务项目试图提高服务对象群体的自尊水平，在测量服务对象自尊状况时可考虑选择罗森伯格自尊量表（见表 4 - 4）。

表 4 - 4　　罗森伯格自尊量表

问题	非常同意	同意	不同意	非常不同意
（1）我认为自己是有价值的人，至少与别人不相上下	4	3	2	1
（2）我觉得我有许多优点	4	3	2	1
（3）总的来说，我倾向于认为自己是一个失败者	4	3	2	1
（4）我做事可以做得和大多数人一样好	4	3	2	1
（5）我觉得自己没有什么值得自豪的地方	4	3	2	1
（6）我对自己持有一种肯定的态度	4	3	2	1
（7）整体而言，我对自己觉得很满意	4	3	2	1
（8）我要是能更看得起自己就好了	4	3	2	1
（9）有时我的确感到自己很没用	4	3	2	1
（10）有时我觉得自己一无是处	4	3	2	1

注：该量表由（1）（2）（4）（6）（7）正向记分，（3）（5）（8）（9）（10）反向记分，“非常同意”计 4 分，“同意”计 3 分，“不同意”计 2 分，“非常不同意”计 1 分，总分范围是 10～40 分，分值越高，自尊程度越高。

（三）功能水平量表

功能水平量表是由评估者根据项目的实际情况设计出来的一种对服务对象特定功能进行前后测的评估工具。② 首先，评估者通过定义和描述等技术对社会工作干预所指向的服务对象功能（包括心理和行为问题）进行水平等级划分，例如，划分为等级 1 至等级 5（等级 1 最低，等级 5 最高）。然后，分别对服务对象在干预前后的功能状态

① 顾东辉. 社会工作评估［M］. 北京：高等教育出版社，2009：234.

② 同①236.

等级进行评定，如果等级发生了预期变化，则表明社会工作干预是有效果的。比如，在智障儿童日间照料中心，社会工作者试图通过小组活动促进服务对象的活动参与。评估者可以设计以下功能水平量表（见表 4－5）。

表 4－5　　功能水平量表

活动参与	1	2	3	4	5
等级 1：不参与任何活动	1	2	3	4	5
等级 3：受鼓励后愿意参与活动	1	2	3	4	5
等级 5：积极参与并鼓励他人参与	1	2	3	4	5

注：1～5 表示参与程度，数值越大，参与程度越高。

如果在参加小组活动前，服务对象功能水平等级评定为 1（即不参与任何活动），而在参加小组活动后服务对象开始愿意积极参加活动，功能水平等级评定为 3，则可以认为小组活动的干预在这方面是有效果的；如果功能水平等级评定为 5，则认为小组活动的干预效果是非常明显的。

（四）服务对象满意度

服务对象对于社会干预结果的满意度是测量其结果的一个重要方面。评估者可以通过问卷调查等方法询问服务对象对特定服务或项目效果的主观判断，比如，从“非常有用”到“一点儿没用”，或者从“非常满意”到“非常不满意”，由服务对象进行评定选择。评估者可以计算出不同主观判断的人数及其比例，例如，有 80%的服务对象认为干预非常有用。通过比较相应的人数或比例，可以从一个方面评估社会工作干预的结果。

复习思考题

1. 简述社会服务项目的内涵及功能。
2. 简述过程评估的工作步骤。
3. 简述结果测量的主要方法。

推荐阅读书目

1. 陈锦棠，等. 香港社会服务评估与审核［M］. 北京：北京大学出版社，2008.
2. 顾东辉. 社会工作评估［M］. 北京：高等教育出版社，2009.

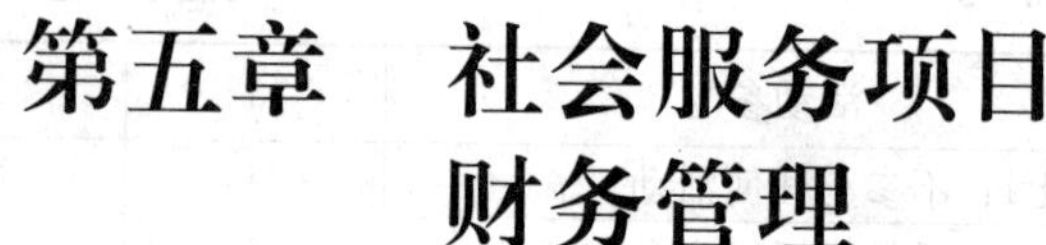

第五章　社会服务项目财务管理

本章要点

社会服务项目财务管理包括财务预算管理、财务实施管理和财务会计核算。在预算管理阶段，要合理编制项目资金来源和使用预算，以保证资金使用的规范和有效，在确定投入的配套资金金额时应量力而行；在财务实施管理阶段，要健全内部管理制度，规范项目执行，建立资金使用审批制度，加强项目资金管理，确保资金使用合法合规；会计核算应当以民间非营利组织的交易或者事项为对象，记录和反映该组织本身的各项业务活动，应当以民间非营利组织的持续经营为前提，应当以权责发生制为基础，做好收入核算、支出核算和固定资产核算。

关键概念

财务管理　预算　项目资金管理　会计核算

社会服务机构的会计实务应该依据《民间非营利组织会计制度》，项目资金使用也必须依据《民间非营利组织会计制度》。由于出资方对项目财务有具体的要求，有些社会服务项目不要求资金全部用于服务活动支出，可以有剩余，而目前大多数社会服务项目，特别是公益创投项目都要求用完全部的资助资金。本章主要讨论项目资金全部用于开展符合规定的社会服务活动的社会服务项目的财务管理。

第一节　社会服务项目财务预算管理

编制项目预算时，首先需要了解项目资金可使用的范围及要求，保证项目资金在预算编制阶段更为合理、准确。社会服务项目资金使用范围包括业务活动费用、项目管理费用和其他费用三个方面。业务活动费用用于为实现项目目标而开展活动或者提供服务所产生的费用，包括人员劳务成本和项目活动费用。人员劳务成本包括邀请专家、督导、社工等进行项目支持所支出的劳务费用以及招募社会志愿者参与项目所支出的补贴，项目活动费用包括开展项目活动的各项费用，如列支场地费、交通费、宣传费、专家和志愿者简餐费、项目活动材料和物品费。项目管理费用主要是在实施项目过程中发生的管理费用，包括管理人员工资及场租和办公用品费。其他费用是无法归入上述业务活动费用和项目管理费用的费用，其他费用必须是用于此项目开展的费用。

在编制项目财务预算时，一般需要执行服务购买方的要求，严格根据要求合理、合法、严谨地编制预算。

一、项目预算的编制

立项单位应当在做好调查研究、科学设计的基础上，合理编制项目资金来源和使用预算，以保证资金使用的规范和有效，在确定投入的配套资金金额时应量力而行。

编制预算时，立项单位应在“项目简介”和“项目预算”中列明项目主要内容、实施区域、服务类型、受益群体、受益人数和次数、费用种类和标准，分别编制扶持资金和配套资金使用预算，按“社会服务支出”“固定资产购置支出”“项目执行费用”进行明细列报（见表 5－1）。

表 5－1　　项目预算表

<table>
<tr><td rowspan="6">资金来源</td><td colspan="2">资金种类</td><td>金额</td></tr>
<tr><td colspan="2">扶持资金</td><td></td></tr>
<tr><td rowspan="4">配套资金</td><td>自有资金</td><td></td></tr>
<tr><td>社会募集资金</td><td></td></tr>
<tr><td>其他资金</td><td></td></tr>
<tr><td>合计</td><td></td></tr>
</table>

项目		金额
申报资金支出	一、社会服务支出（以受益对象为单位的服务活动支出）	
	（一）开展服务支出	
	（二）发放款物支出	
	二、固定资产购置支出	
	三、项目执行费用	
	1. 交通费	
	2. 会议费	
	3. 印刷宣传费	
	中央财政资金支出合计	
配套资金支出	一、社会服务支出（以受益对象为单位的服务活动支出）	
	（一）开展服务支出	
	（二）发放款物支出	
	二、服务设施购置支出	
	三、项目执行费用	
	1. 交通费	
	2. 会议费	
	3. 印刷宣传费	
	4. 其他费用	
	配套资金支出合计	
资金支出合计		

（一）社会服务支出

社会服务支出是指直接用于受益对象和开展社会服务活动的支出，包括开展服务支出和发放款物支出。开展服务支出应按提供服务种类、受益对象种类或预计发生的费用类型填列；发放款物支出应按发放款物的种类填列，并列明单位、数量和费用标准。立项单位应减少开展服务活动的项数或种类，集中资金用于亟须开展的服务活动，避免资金过于分散；不支持楼堂馆所等基建项目，控制发放款物支出在扶持资金中列支的比例（参照《中央财政支持社会组织参与社会服务项目 2016 年财务管理指引》）。

1. 培训费

培训费是项目执行中对受助对象开展培训所必须发生的各项费用，包括《中央和国家机关培训费管理办法》（财行〔2016〕540 号）中规定的住宿费、伙食费、培训场地费、讲课费、培训资料费、交通费、其他费用（包括现场教学费、文体活动费、医药费，以及授课教师交通、食宿费用等），其中交通费不包括执行单位人员及培训对象的城际交通费。编制预算时应列明培训对象的种类或培训名称、次（期）数、每次（期）的天数和人数，并按次（期）列明培训所需费用的金额。开展培训的全部费用（含讲课费）应控制在每人每天 550 元以内，对于不安排住宿的培训，应适当降低费用标准。

2. 劳务费

劳务费是项目执行中发生的支付给在本组织无工资性收入的临时聘用人员的劳务性费用，包括培训活动中的讲课费、专家咨询费、临时聘用人员劳务费和志愿者补贴等，不包括因对受益对象进行救助而发放给受益对象的救助款和补贴，不得向参与项目执行与管理的本组织工作人员支付劳务费。编制预算时，除讲课费列入培训费申报外，专家咨询费、临时聘用人员劳务费和志愿者补贴应在开展服务支出中单独申报，并列明劳务的种类、服务内容、次（人、人次、天）数、标准等。具体标准如下。

（1）讲课费的标准（税后）：副高级技术职称专业人员每学时最高不超过 500 元，正高级技术职称专业人员每学时最高不超过 1 000 元，院士、全国知名专家每学时一般不超过 1 500 元。讲课费按实际发生的学时计算，每半天最多按 4 学时计算。其他人员讲课费参照上述标准执行。同时为多班次一并授课的，不重复计算讲课费。

（2）专家咨询费的标准：高级专业技术职称人员每人每天 500～800 元、其他专业技术一般人员每人每天 300～500 元；超过两天的，第三天及以后的费用标准，高级专业技术职称人员每人每天 300～400 元，其他专业技术人员每人每天 200～300 元。

（3）临时聘用人员劳务费标准应符合项目立项单位所在地（或项目执行地）的上年社会平均日工资（社会平均日工资＝当地社会平均工资/22 天）水平。临时聘用人员应有聘用合同。

（4）志愿者补贴包括餐费、市内交通费等补贴，每天不超过 50 元，发放志愿者补贴的不得再以报销形式列支餐费和交通费等支出。

3. 专业社工服务人员工资

开展专业社工服务活动的项目可列支本组织专门从事社工服务人员的工资性支出，费用按次（或工作时间）计算，费用标准应不高于当地社会平均工资。外聘专业社工的服务费参照劳务费的相关规定执行。专业社工服务是指专业社会工作服务人员运用个案、小组活动、社区活动三种工作方法为服务对象提供的专业服务。专业社工服务人员是指具有社会工作职业水平证书（大学相关专业教师，或持有社会工作相关专业毕业证书，或接受六个月以上社会工作相关专业培训并具有五年以上社会工作经验）

并在本项目中专门从事专业社工服务的人员。编制预算时，立项单位应列明专业社工服务的人数、次数、费用标准，并将本组织社工服务人员工资与外聘社工服务人员的劳务费分别单独列示。

除开展专业社工服务、心理咨询服务和婚姻家庭咨询服务等活动的项目外，其他项目不得在资金中列支本组织工作人员的工资性支出。扶持资金规定，资金中列支的本组织专门从事社工服务人员的工资性支出不得超过社工服务活动资金预算总额的30%，其他社会服务项目工资性支出根据服务购买方的要求而定。

4. 交通费

开展服务支出中的交通费是指项目执行过程中必须发生的专家、志愿者的差旅费和市内交通费，列支的交通费应与开展项目直接相关，并符合经济节约原则。全国性组织的差旅费应参照《中央和国家机关培训费管理办法》（财行〔2016〕540号），地方组织参照地方相关规定执行。

5. 发放款物支出

拟发放的款物应是开展项目所必需的，包括发放给受益对象的救助款、补贴和物资，不包括开展活动的资料费等。项目执行单位购买的、符合预算并且直接交付受益对象或捐赠给为受益对象开展服务的社会组织的、单项金额较大的资产，在明确产权归属并办理财产移交手续后，可作为发放款物支出。

（二）固定资产购置支出

项目一般不得在资金中列支固定资产购置支出。如果项目资金使用指导允许列支，编制预算时，立项单位应本着节约、适用、满足基本功能的原则，列明预计购置固定资产的具体种类、数量、标准和金额。

（三）项目执行费用

项目执行费用包括执行项目所必需的交通、会议、印刷宣传等费用，在配套资金中允许列支开展项目所必需的其他费用。项目执行费用预算应按费用类型填报，具体要求如下。

1. 交通费

交通费是项目执行过程中必须发生的、与执行项目直接相关的立项单位项目执行人员的差旅费和市内交通费。编制预算应列明预计发生交通费的金额，差旅费应按照国家有关规定执行，市内交通费应符合经济节约原则。

2. 会议费

会议费是执行项目必须发生的会议费用，包括会议住宿费、伙食费、会议室租金、交通费、文件印刷费、医药费等。立项单位应严格控制会议的数量和规模，编制预算时应列明会议的用途、次数、规模、金额，并按照《中央和国家机关会议费管理办法》（财行〔2016〕214 号）执行。会议费开支范围包括会议住宿费、伙食费、会议场地租金、交通费、文件印刷费、医药费等。全部费用控制在每人每天 550 元以内。

3. 印刷宣传费

印刷宣传费是项目执行中必须发生的费用，编制预算应本着节约的原则，列明费用的种类、标准和金额。

4. 其他费用

除执行项目所必需的、与开展项目直接相关的费用外，配套资金中的其他费用可以列支执行项目的本组织人员的工资性支出，但不得列支项目执行单位的房租、水电费、折旧等机构运行费用。

二、项目预算的调整

项目执行单位应按照申报的预算支出范围和标准使用项目资金，对预算支出内容不符合项目管理规定、方案不合理、使用范围发生变化或支出标准发生较大变化的项目可进行预算调整（见表 5-2）。未经批准，不得擅自调整资金使用范围。因计划不周或物价波动等原因，致使项目内容发生变化，必须进行项目预算调整的，应及时提出书面申请，并按照批复意见进行调整。擅自调整项目预算内容的，视情况责令整改，直至停拨或收回资金。因不可抗力等原因，无法继续履行合同约定的，应及时提出书面申请，经核实后，未履行合同的项目资金按原出资渠道全额收回。未经审批同意，不得擅自转让服务项目。

表 5-2　　社会服务项目申请调整预算审批表

<table>
<tr><td colspan="3">项目执行单位（盖章）：</td><td colspan="2">项目编号：</td></tr>
<tr><td>项目名称</td><td colspan="4"></td></tr>
<tr><td>联系人</td><td></td><td>联系电话</td><td colspan="2"></td></tr>
<tr><td rowspan="2">批准的项目预算</td><td>扶持资金</td><td>自有资金</td><td>社会募集资金</td><td>其他资金</td></tr>
<tr><td></td><td></td><td></td><td></td></tr>
<tr><td rowspan="2">调整原因及调整内容</td><td colspan="4"></td></tr>
<tr><td colspan="4">附：项目预算调整情况表　　年　月　日</td></tr>
<tr><td rowspan="2">项目办审核意见</td><td colspan="4"></td></tr>
<tr><td colspan="4">年　月　日</td></tr>
</table>

第二节 社会服务项目财务实施管理

本节将从项目实施管理、项目资金管理操作层面进行探讨，指导社会服务项目资金更加合理、规范地使用。

一、项目资金使用原则

项目资金的使用应符合项目资金管理的相关规定，全部用于开展符合规定的社会服务活动，在管理上应遵循以下原则。

（一）合法性

项目资金的使用应遵守国家法律、法规的规定，符合项目资金使用管理办法的要求。

（二）预算管理

所有的社会服务项目在申报时，都需申报社会服务项目专项资金使用明细预算。项目资金审批下达后，项目资金使用内容应与项目申报预算一致。

（三）专账核算

公益服务项目专项资金在财务核算上应实行专账核算。即按照资金来源、资金支出分别设立专项明细账，准确核算、明确记录每笔经济业务的发生。

（四）专款专用

项目资金使用应以项目申报书确定的工作目标和承诺为依据，全部用于申报书所规定的受益对象和服务活动，不得挪作他用。

（五）经济合理

项目资金使用和支出要厉行勤俭节约，应严格按照规定的范围和开支标准执行，力争做到经济、合理、高效。

社会服务项目专项资金原则上不得用于购买固定资产，不可直接给服务对象发放补贴，特殊规定的项目除外。

二、项目财务制度

（一）健全内部管理制度

项目执行单位应依据服务购买方的规定，加强对项目的管理，制订切实可行的实施方案，建立项目管理制度，明确项目执行的程序、进度、责任，对项目执行中的重大事项应履行集体决策程序并做好记录。

在项目资金使用方面，应健全项目资金使用管理制度，明确资金的来源、受益对象和社会服务活动的确定原则和程序、项目财务管理原则和会计核算、资金的使用与监督等，将项目资金和配套资金全部纳入项目单位统一核算和管理。

（二）规范项目执行

项目执行单位应加强自身项目执行能力的建设，规范项目的执行，不得将项目转包、分包给其他组织实施，更不得将项目委托给社会组织负责人、分支机构负责人、与员工有直接利益关系的组织或个人合作开展。

1. 加强对受益对象的选择

对受益对象的选择应当遵循公开、公正、公平和诚实信用的原则，建立受益对象选择的制度，根据申报书确定的受益对象的种类，进一步明确受益对象的标准和选择程序，确保所选择的受益对象符合项目申报书的要求。

2. 规范物资或服务的购买及使用

项目执行单位应建立有效的内部控制程序，购买物资或服务应履行必要的询价或比价程序，以保证购买价格的公允，项目执行单位应保存询价（或比价）的过程资料。购买服务或物资应签订合同，所签订的合同中必须明确约定双方的权利和义务，做到经济、合理、高效；要加强款物发放的管理和监督，确保款物用于规定的受益对象或社会服务活动。项目执行单位不得向与社会组织负责人、分支机构负责人、员工有直接利益关系的组织或个人购买服务或物资。

（三）建立资金使用审批制度

1. 原始票据列支

原始票据的内容包括：项目名称、单位名称、内容、数量、单价和金额等要素。原始票据的列支应当有经办人、证明人、批准人的签名等审批手续。原始票据由报销人员负责填写，部门负责人签字，并明确报销项目名称。出差需要填写差旅费报销单。

差旅费根据《中央和国家机关差旅费管理办法》(财行〔2013〕531号)和《关于调整中央和国家机关差旅住宿费标准等有关问题的通知》(财行〔2015〕497号),或者依据本单位《差旅费用管理办法》进行报销。报销需填写差旅费报销单(见图5-1)。

差 旅 费 报 销 单

部门＿＿＿＿＿＿ 年 月 日 金额单位:元

出差人						出差事由							
出发			到达			交通工具	车船费		出差补贴		项目	单据张数	金额
月	日	地点	月	日	地点		单据张数	金额	天数	金额	车船费和出差补贴		
											住宿费		
											市内车费		
											邮电办公用品费		
											其他		
小计											不买卧铺补贴		
报销金额	人民币 万 仟 佰 拾 元 角 分										金额合计		

部门负责人 稽核 报销人

图5-1 差旅费报销单

2. 购买物品要附物品清单

批量购买的物品要列物品清单。物品清单由商家提供,内容包括产品名称、单位、数量、单价和金额。物品清单销售单位须在上面盖章。购买物品要填写费用报销单(见图5-2),并附销货清单(见图5-3)。

费 用 报 销 单

部门＿＿＿＿＿＿ 报销日期 年 月 日 附件 张

费用项目	类别	金额		
			部门负责人(签章)	
			审查意见	
			报销人(签章)	
报销金额合计			¥＿＿＿＿＿＿	
核实金额(大写) 拾 万 仟 佰 拾 元 角 分			¥＿＿＿＿＿＿	

主管 复核 出纳 制表

图5-2 费用报销单

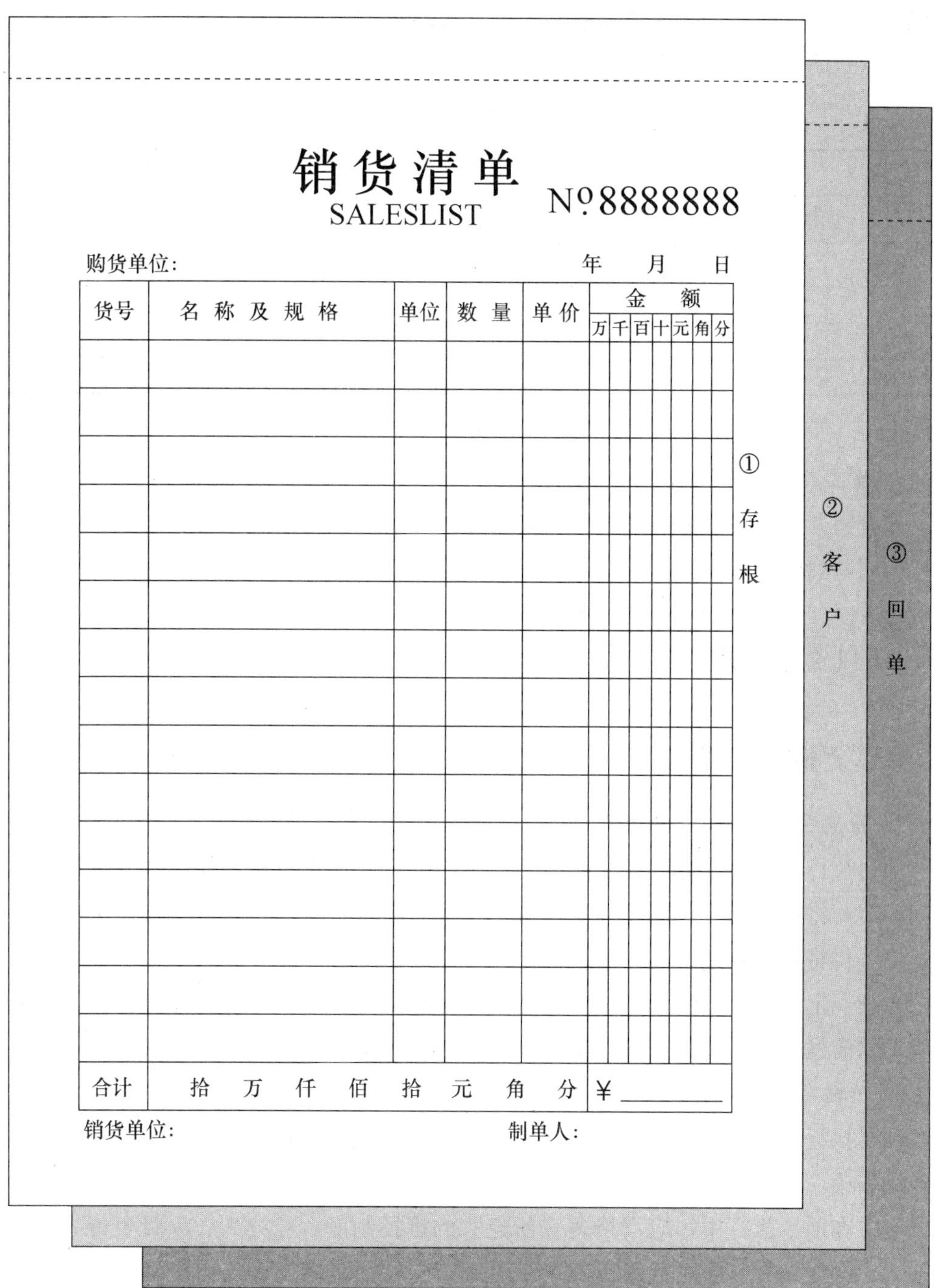

销货清单

SALESLIST　№8888888

购货单位:　　　　年　月　日

货号	名称及规格	单位	数量	单价	金额						
					万	千	百	十	元	角	分
合计	拾　万　仟　佰　拾　元　角　分				¥						

销货单位:　　　　制单人:

①存根　②客户　③回单

图 5-3　销货清单

3. 人员劳务成本

人员劳务成本的发放要制费用签收单（见表 5-3），并有领取人、经办人和审核人的签名手续，领取人必须进行实名签字。列支时要附费用发放依据，包括专家或教师培训上课考勤登记表、志愿者服务签到表、活动总结的记录等。登记表、签到表可见本书第三章第三节。

表 5-3　　费用签收单

项目名称：						
事由					时间	
序号	姓名	工作内容	手机号码	身份证号	金额	签字
1						
2						
……						

制表人：　　　　　　　　审批人：

4. 重要或较大项目列支

如有举办活动租用场地和购买演出服等重要或较大业务活动费支出，事先应签订协议合同，列支要附协议合同。

三、项目资金管理

（一）严格资金使用

1. 规范资金拨付和使用程序

项目执行单位应严格对资金使用的管理，按项目进度使用和拨付，减少不必要的中间环节，将项目资金直接拨付受益对象、服务或商品的提供方，不得通过中间人转付，更不得将资金转移到其他组织留存。项目资金使用应遵守国家有关现金和银行结算的管理规定，不得出现大额支付现金、超范围支付现金、公款私存等行为，劳务费及救助款的发放、单笔在 2 000 元以上的其他支出应避免采用现金方式支付。

2. 严格资金使用的审批

项目执行单位应建立项目支出审批制度，明确支出审批的权限、程序、责任和相关控制措施，明确经办人、项目负责人、授权批准人、审核（复核）人员的职责和工作要求。在项目执行中，应严格遵守所建立的审批制度，经办人、项目负责人、授权批准人、财务人员应按规定履行职责。项目资金应据实列支，支出报销时应标明为本项目支出，列明支出事由或用途，使用合规合法的票据，不得使用不合法票据或虚假票据作为支出凭据，不得出现“以拨代支”、无票列支费用的现象。

3. 按规定的范围和标准使用资金

项目执行单位应严格资金使用管理，统筹项目资金使用进度，保证用好管好项目资金。项目执行单位应以项目预算为依据，严格按照预算所明确的受益对象或服务活动的范围、数量、标准据实列支，将扶持资金和配套资金全部用于申报书所规定的受益对象或社会服务活动，留存与支出相关的原始资料。具体要求如下：

（1）培训费。培训费依据预算据实列支，并按照《中央和国家机关培训费管理办法》（财行〔2016〕540 号）的规定进行管理。项目执行单位应当保留培训通知、培训方案及日程、师资简介及资质证明、教材讲义、会场照片、参加人员（包括姓名、单位、职务、身份证号、联系电话）、质量评估表及汇总表、培训意见反馈、培训总结、讲课费签收单、会议场所消费的原始明细单据、电子结算单等凭证。

（2）劳务费。劳务费应根据实际工作时间及标准，在预算范围内据实列支。执行项目所必需的但超过国家标准的讲课费、专家咨询费，可作为配套资金列支。项目执行单位应当保留工作内容和工时记录，并填制劳务费支付表（费用签收单，见表 5－3）。劳务费支付表应列明领取人姓名、性别、身份证号、联系电话、工作内容和时间、劳务费金额、领取人员签字等内容。讲课费及专家咨询费应当保留能证明专家身份及能力的资料。

（3）专业社工服务人员工资。对于提供专业社工服务项目列支的本组织专门从事社工服务人员的工资性支出，费用按次（或工时）计费，并按专业社工在本项目的实际工作时间进行分摊，费用标准应符合预算的要求，且不高于当地社会平均工资。项目执行单位应保留社工服务人员工作时间记录（有服务对象或相关人员签字确认）、费用分摊表等资料。外聘专业社工的服务费参照劳务费、专家咨询费等相关规定执行。

（4）交通费。交通费是指项目执行过程中必须发生的差旅费和市内交通费。项目执行单位应本着节约原则，依据预算据实列支。差旅费应参照国家有关规定执行；报销时，除票据外，报销单据中应注明出差人员姓名、出差时间、事由、起止地、费用类型等。市内交通费报销时，除票据外，报销单据中应注明报销人员姓名、外出事由、起止地、费用类型等。

（5）会议费。依据预算据实列支，并参照《中央和国家机关会议费管理办法》（财行〔2016〕214 号）的规定进行管理。项目执行单位应当保留会议通知、会议日程、会议材料、会场照片、相关合同（场地使用、印刷会议资料、购买会议用品等）、实际参会人员签到表（包括姓名、单位、职务、联系电话、通信地址）、会议总结或成果、会议服务单位提供的费用原始明细单据、电子结算单等凭证。

（6）印刷宣传费。项目执行单位应本着节约的原则，依据预算据实列支印刷宣传费。除发票和付款记录外，项目执行单位应保留相关合同（印刷、广告等）、印刷清单、印刷样品、刊登广告的媒介资料（样刊或录像）等相关资料。

(7) 发放款物支出。项目执行单位应在预算规定的范围内，按照预算列明的种类、数量、标准、金额进行发放，保留有接收人签字的款物发放清单或接收记录、受益对象确认书、款项拨付记录。

(8) 固定资产购置支出。项目执行单位应在预算规定的范围内，本着经济、节约、满足基本功能的原则购置，所购置的固定资产不得超过预算规定的种类、数量标准和金额。项目执行单位应保存固定资产购置或接受捐赠的原始单据、交接或完工验收及投入使用记录。

(9) 其他支出。开展社会服务所必需的其他支出，应本着经济、节约、合理的原则，在预算规定的范围内，据实列支。

4. 费用支出与报销制度和流程

以现金形式给个人发放款项（如工资、专家培训费、志愿者补助等），必须由领款人亲笔签名（或按手印），以此作为报销依据。以现金形式发放工资、劳务费、补贴、奖励等等，应编制领款清单，注明领款人姓名、领取标准、联系方式，超出个人所得税计税标准的必须留下领款人的联系方式和身份证号，用于申报纳税。领款清单由领款人亲笔签名（或按手印），原则上不得代领。如领款人确实无法自行领取，需由别人代领的，领款人必须亲自向财务人员说明情况，此种情况代领者最多只能代领 1 人。

以网银支付相关款项时，须附有银行打印的银行回单作为报销凭据，并附于报销单后。发生酒店会议产生住宿结算时，如对方发票未写明清晰的信息（如住宿人数、天数等），需要酒店提供详细结算清单（如流水单），特殊情况下，须结算人员在发票后面写明详细结算信息（房数、天数、单价及人员等）。涉及大型活动餐费，须提供参加活动人员的签到表，以核算出餐费的标准。报销交通费，须注明事由和起止地址。报销办公用品或材料等，须附超市小票或物品明细单（反映所购物品名称、数量、单价、金额）。工作人员报销费用应当填制费用报销单，费用报销单与原始凭据（如发票与电脑小票、酒店结算单、验收单等）的内容、金额应当一致。

特殊情况处理：如果收款单位（提供商品或服务的单位）无法开具正式合法的发票和收据，可要求对方开具普通收据，但必须在收据上签署收款人姓名并加盖收款单位公章或财务专用章，必要时注明收款人地址、电话等，报销时须详细注明事由，须有其他人员证明；如果收款方（提供商品或服务的单位或个人）无法开具正式合法的发票和收据，也无法开具普通收据，如在农贸市场采购蔬菜、水果等，在农村发生伙食、住宿等无法取得发票甚至收据时，可填写机构自制《无票据费用报销单》（见表 5－4），并取得收款方签字和相关人员签字证明，尽可能注明收款人地址、电话等，报销时必须详细注明事由。

表 5-4　　无票据费用报销单

项目名称			事由	
序号	时间	地点	金额	情况说明
1				
2				
3				
……				
合计				
费用收款人签字			联系方式	
保证上述费用绝对属实，特此证明！				
审批人：			报销人：	

5. 按规定缴纳各项税费

属于应税收入的应按规定缴纳税费，对发放的劳务费应按规定代扣代缴个人所得税。

（二）配套资金使用管理

配套资金应按项目申报书载明的金额及时足额投入，按申报书列明的支出类型、标准和金额使用，并由项目执行单位统一核算与管理。确认配套资金时应遵循以下原则：

（1）一般情况下，配套资金应以项目执行单位实际收到并使用的金额予以确认，未纳入项目执行单位核算与管理的收支一般不确认为配套资金。

（2）对于立项资金与申报资金有缩减的项目，配套资金金额可与立项资金同比例缩减。

（3）对于无法足额取得申报书载明的配套资金的，可以增加其他类型的资金作为配套资金。

（4）对于以接受捐赠的资产作为配套资金的，应与捐赠方签订协议，约定捐赠资产的性质与用途，明确该资产作为项目配套资金。对于以非货币资产捐赠作为配套资金的，项目执行单位应履行必要的验收和接受程序，并对接受资产的价值是否公允进行验证（包括索要公允价值证明文件、了解市场价格并进行判断等）。项目执行单位不得以接受捐赠的劳务作为配套资金。

（5）对于使用自有资金配套的，应以实际发生且符合规定的支出金额确认。对于社会服务机构因为申报需要而填写配套资金，但事实上没有配套资金的项目，且没有规定配套资金使用用途的，建议采用劳务费用进行配套。

（6）对于以收取的服务收入作为配套资金的，应将开展服务所收取的全部收支纳入项目执行单位核算和管理，并做到收费依据充分、标准明确、使用完毕。

（三）自身服务的确认

项目应以项目执行过程中实际发生的开展服务支出、发放款物支出、固定资产购置支出及项目执行费用等作为项目支出。因客观原因无法完整核算项目支出而导致账面支出远低于项目成本（或应收取的服务费）的，对此类项目支出可采用以下方法处理：

（1）对于服务收费标准是政府定价（或政府指导价、向政府有关部门备案）的服务，如医院开展的诊疗服务，在有完整的服务记录及受益对象确认书的情况下，经审核无误后，可将免收（不含减收）的服务费确认为资金的支出。

（2）对于服务收费标准不是政府定价（或政府指导价、向政府有关部门备案）的服务，不能将免收的服务费确认为资金的支出，项目执行单位可以采用向受益对象发放资助款的方式处理。

（3）对于有明确合理的服务收费标准且标准合理的情况，可依据提供服务的原始证明材料，按免收的服务费确认为配套资金。

适用上述情形的项目应在申报书中明确服务方式为免收（不包括减收）服务费。

（四）建立报表制度

项目财务支出明细表（见表5-5）应在项目完成后及时上报。社会服务项目专项资金原则上在项目结束后实现收支平衡。

表5-5　　社会服务项目财务支出明细表（预算资金）

项目名称：

单位名称：　　　　　　　　　　　　　　　　　　单位：元

时间	服务内容	项目资金名称				累计金额	凭证号	备注
		材料费	培训费	社工费	……			
2015年11月	活动1							
2015年12月	活动2							
2016年1月	……							
2016年2月								
2016年3月								
2016年4月								
2016年5月								
2016年6月								
2016年7月								

2016 年 8 月								
2016 年 9 月								
2016 年 10 月								
总支出								
总结余								

制表人：　　　　　　　　　　　　　　　　　　　负责人：

第三节　社会服务项目财务会计核算

根据《民间非营利组织会计制度》，会计核算应当以民间非营利组织的交易或者事项为对象，记录和反映该组织本身的各项业务活动。会计核算应当以民间非营利组织的持续经营为前提。会计核算应当划分会计期间，分期结算账目和编制财务会计报告。会计核算应当以权责发生制为基础。

一、会计核算的基本原则

（1）会计核算应当以实际发生的交易或者事项为依据，如实反映民间非营利组织的财务状况、业务活动情况和现金流量等信息。

（2）会计核算所提供的信息应当能够满足会计信息使用者（如捐赠人、会员、监管者等）的需要。

（3）会计核算应当按照交易或者事项的实质进行，而不应当仅仅以它们的法律形式作为其依据。

（4）会计政策前后各期应当保持一致，不得随意变更。如有必要变更，应当在会计报表附注中披露变更的内容和理由、变更的累积影响数，以及累积影响数不能合理确定的理由等。

（5）会计核算应当按照规定的会计处理方法进行，会计信息应当口径一致、相互可比。

（6）会计核算应当及时进行，不得提前或延后。

（7）会计核算和编制的财务会计报告应当清晰明了，便于理解和使用。

（8）在会计核算中，所发生的费用应当与其相关的收入相配比，同一会计期间内的各项收入和与其相关的费用，应当在该会计期间内确认。

（9）资产在取得时应当按照实际成本计量，但有特别规定的，应按照特别规定的计量基础进行计量。其后，资产账面价值的调整，应当按照本制度的规定执行；除法律、行政法规和国家统一的会计制度另有规定外，民间非营利组织一律不得自行调整资产账面价值。

（10）会计核算应当遵循谨慎性原则。

（11）会计核算应当合理划分应当计入当期费用的支出和应当予以资本化的支出。

（12）会计核算应当遵循重要性原则，对资产、负债、净资产、收入、费用等有较大影响，并进而影响财务会计报告使用者据以做出合理判断的重要会计事项，必须按照规定的会计方法和程序进行处理，并在财务会计报告中予以充分披露；对于非重要的会计事项，在不影响会计信息真实性和不致误导会计信息使用者做出正确判断的前提下，可适当简化处理。

会计记账应当采用借贷记账法。会计记录的文字应当使用中文。在民族自治地区，会计记录可以同时使用当地通用的一种民族文字。境外民间非营利组织在中华人民共和国境内设立的代表处、办事处等机构，也可以同时使用一种外国文字记账。

社会服务项目承接方应当根据有关会计法律、行政法规和本制度的规定，在不违反本制度的前提下，结合其具体情况，制定会计核算办法。

在进行项目财务管理时，填制会计凭证、登记会计账簿、管理会计档案等，应按照《中华人民共和国会计法》《会计基础工作规范》《会计档案管理办法》等规定执行。

民间非营利组织应当根据国家有关法律、行政法规和内部会计控制规范，结合本单位的业务活动特点，制定相适应的内部会计控制制度，以加强内部会计监督，提高会计信息质量和管理水平。

二、核算基本要求

项目执行单位应按照国家统一会计制度的要求，依据真实、合法的支出凭证进行核算，将开展社会服务活动所取得的全部资金纳入本组织合法账簿进行核算和管理，项目执行单位不得为项目单独做账，不得将开展活动所取得的收入收到其他单位，要做到核算清晰，能够区分扶持资金和配套资金的来源和使用情况。项目执行单位应按项目进行明细核算或费用归集，保证支出与项目的相关性，避免因核算不清而导致支出无法确认的情况发生。项目执行单位应参考以下要求进行项目资金的核算。

三、收入的核算

执行《民间非营利组织会计制度》的单位，对于收到的资金，项目执行单位按“补助收入—限定性收入—项目名称—来源单位名称”设置明细科目进行核算。

对于收到的捐赠收入，项目执行单位按“捐赠收入—限定性收入—项目名称”设置明细科目进行核算。

对于收到的服务性收入（包括政府购买服务收入、服务收入），按“提供服务收入—项目名称—具体收入类型”设置明细科目进行核算。

对于使用自有资金作为配套资金的，账面不进行收入的核算。

对于收到的其他类型的配套资金，项目执行单位应参照上述方法，根据具体情况进行明细核算。

四、支出的核算

执行《民间非营利组织会计制度》的单位，对于使用资金的支出，项目执行单位按“业务活动成本—补助成本—项目名称—资金来源—子项目名称”设置明细科目进行核算。

对于使用收到的捐赠收入的支出，项目执行单位按“业务活动成本—捐赠业务成本—项目名称—子项目名称”设置明细科目进行核算。

对于使用收到的服务收入（包括政府购买服务收入、服务收入等）的支出，按“业务活动成本—提供服务成本—项目名称—子项目名称”设置明细科目进行核算。

对于使用自有资金作为配套资金的，按“业务活动成本—提供服务成本—项目名称—子项目名称”设置明细科目进行核算。

对于使用收到的其他类型的配套资金，项目执行单位应参照上述方法，根据具体情况进行明细核算。

五、固定资产的核算

项目执行单位购置的、列入项目预算的办公设备和服务设施可以计入项目支出，但应作为固定资产进行核算和管理。

对于已购置的固定资产，除发票和付款记录外，项目执行单位应保留购买合同、验收记录、保修单、付款记录、盘点表等相关资料。

项目执行单位购买的、符合项目预算的、直接交付受益对象的固定资产，不作为固定资产核算与管理，应直接作为项目支出。

复习思考题

1. 简述项目财务管理的主要内容。

2. 项目财务管理制度包括哪些内容？

3. 项目资金管理的基本要求有哪些？

4. 会计核算的基本原则有哪些？

推荐阅读书目

1. 刘爱荣. 真账实操：民间非营利组织会计轻松做［M］. 深圳：海天出版社，2016.

2. 何东平. 政府与非营利组织会计［M］. 北京：经济科学出版社，2009.

3. 方巍，张晖，何铨. 社会福利项目管理与评估［M］. 北京：中国社会出版社，2010.

4. 张书颖. 社会组织服务项目操作指南——以北京朝阳区和丰台区社会组织服务为例［M］. 北京：知识产权出版社，2013.

第六章　社会服务项目审计

本章要点

社会服务项目审计是项目资助方委托独立机构（或人员）对其资助的社会服务项目的资金管理和使用进行审查并出具报告的活动。审计人员需要按照相关的审计准则执行审计业务，并参照会计资料和经济活动的相关标准（如会计准则、企业的规章制度）发表审计意见。审计工作的基础是审计依据和审计证据。

社会服务项目审计包括对项目管理制度的建立及执行情况、预算编制及执行情况、项目实施情况、资金使用情况、项目会计核算情况和项目档案管理情况的检验与核实。

社会服务项目审计主要包括资料审核和财务审核，财务审核需要审核项目资金收支表和项目支出明细表。

关键概念

社会服务项目审计　预算编制　资料审核　财务审核

社会服务项目实施结束后，作为资金委托方的政府部门、企业或者基金会需要对项目实施过程和资金使用的情况进行了解；特别是政府的财政资金，作为公共财政支出，更需要接受政府委托的审计。

第一节　社会服务项目审计概述

一、社会服务项目审计的含义

审计是指由独立的专门机构（或人员）接受委托（或根据授权），对国家行政、事业单位和企业单位及其他经济组织的会计报表和其他会计资料及其所反映的经济活动进行审查并发表意见。社会服务项目审计是项目资助方委托独立机构（或人员）对其资助的社会服务项目的资金管理和使用进行审查并出具报告的活动。

社会服务项目审计的主体是专门机构或人员，具体包括政府审计机关、民间审计机构和内部审计机构。审计的对象是获得资助的社会组织的会计报表和其他会计资料及其所反映的经济活动。审计机构或人员取得审计业务的途径是接受委托或根据授权。审计的最本质特性是独立性，是从独立第三方的角度对被审计单位的会计报表等资料及经济活动进行审查（见图 6-1）。一般认为，审计可以提高会计报表等信息的可信度，但是，审计人员如果与被审计单位在经济上或其他方面存在紧密联系，就丧失了独立性。审计的目的是对被审计单位的会计资料和经济活动的合法性、公允性等做出判断，并以审计报告或其他形式发表审计意见。审计人员需要按照相关的审计准则执行审计业务，并参照会计资料和经济活动的相关标准（如会计准则、企业的规章制度）发表审计意见。

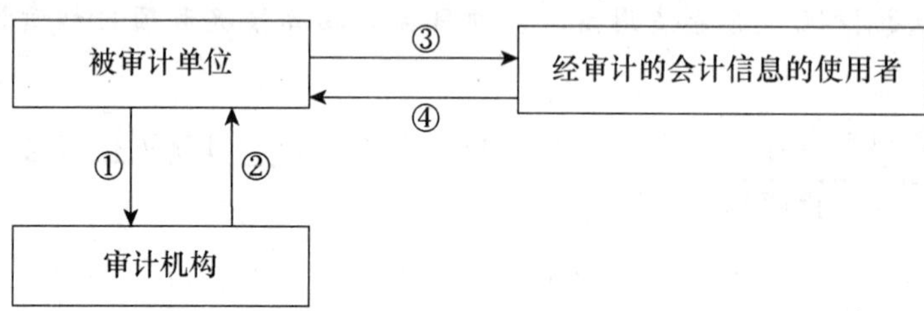

图 6-1　审计业务中的三方关系

注：
①被审计单位委托审计机构审计其会计信息。
②审计机构对被审计单位的会计资料、经济活动进行审计，并出具审计报告。
③被审计单位将审计报告和经审计的会计信息提供给使用者。
④会计信息使用者根据审计报告和经审计的会计信息做出决策。

二、社会服务项目审计的目标

审计目标是在一定历史环境下，人们通过审计实践活动所期望达到的境地或最终结果。审计活动是随着不同的社会政治经济基础的变化而变化的，审计目标当然也是如此。审计目标包括两个层次，一是审计总体目标，二是具体审计目标，即审计目的。二者相互依存，并随着时代的发展而变化。

（一）审计总体目标

审计总体目标是一定历史环境条件下的产物，是审计既定的总方向，但不同的审计主体在实践中的侧重点有所不同，因而会形成不同的总体目标。审计总体目标既要考虑审计环境、审计技术，又要确立必要的原则。

作为我国民间审计规范的《独立审计准则》，将我国民间审计的总体目标明确规定为对被审计单位会计报表的合法性和公允性表示意见。之所以将审计总体目标规定为对会计报表表示意见，是因为民间审计的主要业务就是会计报表审计，发表审计意见的对象就是会计报表。具体为：合法性是指被审计的社会组织会计报表的编报是否符合《民间非营利组织会计制度》及国家其他财务会计法规的规定。公允性是指被审计社会组织的会计报表在所有重大方面是否公允地反映了被审计单位的财务状况、经营成果和资金变动情况。

确立独立审计总体目标的意义主要是：根据这一目标，注册会计师在取得充分适当的审计证据后，应当视审计中是否受到限制、是否与被审计单位有不同意见，以及是否存在未确定事项等，并根据其对会计报表的影响程度，分别出具无保留意见、保留意见、否定意见和无法表示意见的审计报告。在出具审计报告后，如果与事实有出入，责任可能并不在注册会计师。而要明确责任到底在谁，则必须进一步划分被审计单位的会计责任和注册会计师的审计责任。

（二）具体审计目标

具体审计目标是审计总体目标的进一步具体化，它包括一般审计目标和项目审计目标。具体审计目标的确定，有助于审计人员按照独立审计准则的要求收集到充分、适当的证据。一般地说，具体审计目标是根据被审计单位管理当局的认定和审计总体目标来确定的。

1. 一般审计目标

一般审计目标是进行所有项目审计均必须达到的目标，项目审计目标则是按每个项目分别确定的目标。通常情况下，只有了解了一般审计目标，才能据以确定项目审计目标。在审计实务中，一般审计目标包括以下几个方面[①]：

---

① 陈力生．现代审计基础与实务［M］．上海：立信会计出版社，2005：10-11.

（1）总体合理性，指审计人员先根据他所掌握的有关被审计单位的全部信息，评价某账户余额的合理性；

（2）真实性，即所列余额真实，既不夸大，也不高估；

（3）完整性，指发生的金额均已包括，即不遗漏，不低估；

（4）所有权，即所列金额确为被审计单位所拥有；

（5）估价，即所列金额均经正确估价和计量；

（6）截止，即接近资产负债表日的交易已记入恰当的期间；

（7）机械准确性，即该目标所关心的是有关账表资料、数字、计算、加总及钩稽关系的正确性；

（8）披露，即会计报表恰当地反映了账户余额和相应的披露要求；

（9）分类，即所列金额分类恰当。

2. 项目审计目标

以上一般审计目标用于检查所有报表项目和交易循环的业务。但在执行审计时，它们必须根据特定的检查项目加以具体化，也就是针对每个报表项目或账户余额设立更具体的审计目标——项目审计目标。在会计报表审计中，首先要检查各类报表是否编报齐全，并仔细阅读报表说明，注意报表反映的会计期间的财务状况、经营成果以及资金变动情况与其他会计期间的分析对比，注意有关重大影响因素是否得到揭示，并要结合报表内容的审计，验证报表附注说明是否真实。

三、社会服务项目审计的程序

审计程序是指审计人员实施审计工作的先后顺序，是审计工作从开始到结束的整个过程。制定和执行科学合理的审计程序，可以使审计人员有条不紊地进行审计，是提高审计质量和审计效率的基础，也是实现审计工作规范化的要求。无论何种审计，其审计程序从总体上说都可以分为三个阶段：计划阶段、实施阶段和终结阶段。但是，不同种类的审计，不同的审计业务，在这三个阶段的具体工作内容和要求往往有所不同。审计人员应根据具体审计事项的特点、内容和要求，来确定各项审计程序的具体内容和要求。

恰当设计和有效运用审计程序，不仅有利于审计人员有条不紊地开展审计工作，防止工作中的忙乱，避免审计工作走弯路和履行不必要的审计手续，从而节约审计成本，提高审计效率，而且有利于审计人员规范地开展审计工作，防止重要审计步骤和手续的遗漏，保证审计质量。

（一）计划阶段

审计计划阶段，是指审计人员从准备接受审计任务开始到具体实施外勤审计工作之前的整个准备过程。它是整个审计工作的起点和基础。其核心工作有：一是调查了解被审计单位的基本情况；二是与被审计单位签订审计业务约定书；三是初步评价被审计单位的内部控制制度；四是确定重要性水平；五是分析审计风险；六是编制审计计划。

（二）实施阶段

审计实施阶段是审计全过程的中心环节，其主要工作有：一是对被审计单位内部控制的建立及遵守情况进行控制测试，并根据测试结果修订审计计划；二是对会计报表项目的数据进行实质性测试，并根据测试结果进行评价和鉴定。

（三）终结阶段

审计终结阶段是审计工作的结束，是审计人员根据在实施阶段所收集到的各种审计证据，对照相关的法律、法规、惯例等审计标准，运用职业判断，形成审计结论，发表审计意见，出具审计报告的过程。其主要工作有：一是整理、评价执行审计业务中收集到的审计证据；二是复核审计工作底稿；三是审计期后事项；四是汇总审计差异，并提请被审计单位调整；五是形成审计意见，编制审计报告，提出管理建议书。

四、社会服务项目审计的依据

（一）审计依据的分类

审计依据，亦称审计标准，就是对审计对象进行判断评价的准绳，是审计人员提出审计意见和建议，做出审计结论的客观根据。审计依据的分类主要有如下几种。

1. 按审计依据来源渠道分类

分为外部制定的审计依据和内部制定的审计依据。外部制定的审计依据指国家制定的法律、法规、条例、政策、制度，地方政府、上级主管部门颁发的规章制度和下达的通知、指示文件等，涉外被审事项，所引国际惯例的条约等。内部制定的审计依据是指被审计单位制定的经营方针、任务目标、计划预算、各种定额、经济合同、各项指标和各项规章制度等。

2. 按审计依据性质内容分类

分为：（1）国家颁布的法律和法规；（2）国家主要部门或地方各级政府颁布的规

章制度；(3) 国家事业单位编制的经费预算、企业单位制订的各种经济计划和被审计单位签订的经济合同；(4) 业务规范和技术经济标准。

3. 按审计依据衡量对象分类

分为财务审计依据和经济效益审计依据。财务审计的主要依据有国家的法律、法规，国家主要部门或地方各级政府制定的规章制度，单位自己制定的会计控制制度、计划、预算、合同等。经济效益审计的主要依据有单位的管理控制制度、预算、计划、经济技术规范、经济技术指标，可比较的各种历史数据、同行业的先进水平、上等级企业的标准、优良企业的管理规范等等。

(二) 审计依据的特点

1. 层次性

由于审计依据制定部门的权威性不同，审计依据体现出不同的层次。最高层次为法律法规，其次为政策法令，再次为上级制定的审计依据，最后为单位制定的依据。层次越高，约束力越强，覆盖面越广。

2. 一致性

不论哪个部门制定的依据，其精神应该基本一致，划分是非的界限也应该基本相同。因为层次较低的审计依据是在较高层次依据限定的规范内制定的。

3. 相关性

审计依据的相关性，是指审计依据要同审计结论相关联。审计依据的相关性，是由审计工作的本质特性所决定的。审计人员选用审计依据，一定要与做出的审计结论和提出的审计意见、建议密切相关。

4. 时效性

审计依据的时效是指审计依据在一定时期内存在的效力。任何依据，包括法律法规都不可能永远有效。随着经济的不断发展和形势的不断变化，各种依据也要相应地变更、修改或补充。

5. 地域性

审计依据还受到地域的限制。国家和政府机关对特殊地区制定了特殊的法规和政策，这些法规和政策只能在本地区执行，如经济特区的一些法规和政策、民族自治地区的一些法规和政策等。

总之，合理地运用审计依据，对于对被审计单位做出客观公正的评价和正确的结论，对于促进审计质量的提高，都有重要的意义。如审计依据运用不当，就会造成审计判断失误，审计结论错误，从而影响审计工作质量，给审计主体带来不利后果。

五、审计证据的含义及分类

(一) 审计证据的含义

审计证据是审计人员在审计过程中采用各种方法获取的用以证明审计事项真相或性质并作为形成审计意见的基础的一切凭据。

(二) 审计证据的分类

1. 按形态分类

(1) 实物证据。实物证据又称物证。凡经验证确实存在的资产，就是实物证据。通常对现金、有价证券、存货和固定资产等进行审计，需要实物证据。这类证据通常以盘点表的形式表现出来。

(2) 书面证据。书面证据是指审计人员从被审计单位或其他单位取得或审计人员自己编制的书面材料。书面证据是审计证据中收集量最大的证据。书面证据的可靠性，首先取决于证据本身是否易于涂改和伪造，其次取决于证据的出处。由于书面证据易于被篡改，其可信度要比实物证据差。

(3) 视听证据。视听证据是指以录音、录像或计算机储存、处理的证明审计事项的视听材料。如今，电子信息证据已成为证据的重要形式。

(4) 口头证据。口头证据是指审计事项当事人、关系人、知情人、被委托的代言人等的口述或答复，一般以证词笔录、代言笔录等形式表现出来。

(5) 环境证据。环境证据是指对被审计单位产生影响的各种环境事实。环境证据一般不属于基本证据，但它可帮助审计人员了解被审计单位及其经济活动所处的环境。环境证据是审计人员进行判断所必须掌握的资料。

(6) 其他证据。如审计人员通过分析推理所获得的分析证据等。

2. 按来源分类

(1) 内部证据。内部证据是从被审计单位内部产生的资料中取得的证据。这类证据包括审计的会计凭证、账簿、统计资料、业务技术资料、经济合同、会计记录等；还包括被审计单位签发的支票、开出的收据和销货发票等，这些证据经过外部单位加工或审核，提高了可靠性，比单纯的内部证据证明力强。

(2) 外部证据。外部证据是指从被审计单位以外的其他单位或个人产生的资料中取得的证据，如应收账款函证、从律师等处索取的证明、购货的发票、银行对账单等。这类证据产生于外部，具有较强的证明力，但这些证据被审计单位经手后，就有可能被修改，因而其可靠程度要低一点。

（3）相关单位证据。相关单位证据是指被审计单位与其相关单位之间因经济往来而产生的证据。审计人员应当确定是否存在相关单位，确定相关单位之间的交易，审核相关单位交易，从而确认相关单位证据。

（4）亲历证据。亲历证据是指审计人员在被审计单位目击或亲自执行某些活动时所取得或编制的证据。

各种证据证明力强弱程度如表 6－1 所示。①

表 6－1　　审计证据证明力强弱表

强证明力	弱证明力
客观证据	主观证据
文件证据	口头证据
专家学者意见证据	一般人意见证据
直接取得的证据	间接取得的证据
有效控制下产生的证据	较差控制下产生的证据
独立于被审计单位的证据	由被审计单位产生的证据
确证性证据	非确证性证据
及时记账中取得的证据	非及时记账中取得的证据

（三）审计证据的收集与鉴定

从某种意义上讲，审计过程就是取证用证的过程，也就是收集、鉴定、综合审计证据的过程。

1. 审计证据的收集

收集审计证据的途径很多，常见的有以下几种。

（1）检查。它是指审计人员对被审计单位会计记录和其他书面文件可靠程度的审阅与复核。

（2）监盘。它是指审计人员现场监督被审计单位对各种实物资产及现金、有价证券的盘点，并进行适当的抽查。监盘还应对实物资产质量、计价及所有权予以关注。

（3）观察。它是指审计人员对被审计单位的经营场所、实物资产和有关业务活动及其内部控制的执行情况等所进行的实地察看。

（4）查询。它是指审计人员对有关人员进行的书面或口头询问。

（5）函证。它是指审计人员为印证被审计单位的会计记录所载事项而向第三者发函询证。

（6）计算。它是指审计人员对被审计单位的原始凭证及会计记录中的数据进行验算或另行计算。

① 陈力生．现代审计基础与实务［M］．上海：立信会计出版社，2005：83．

（7）分析性复核。它是指审计人员对被审计单位重要的财务比率或趋势所做的分析，包括调查异常变动以及这些重要财务比率或趋势与预期数额和相关信息的差异。

2. 审计证据的鉴定

在证据收集阶段，审计人员对证据虽有所选择，但比较粗略。因此，在证据收集工作基本完成后，就应该着手证据的鉴定。审计证据的鉴定是指判断所收集的证据是否真实，确定证据是否与被审计事项相关，鉴定证据的重要性、充分性和经济性等一系列的工作。

（1）鉴定证据的真实性。即判断审计证据本身是否真实，是否反映了被审计事项的客观面貌，以及判断证据所反映的经济活动是否真实。

（2）鉴定证据的相关性。即判断和分析审计证据与被审计事项之间是否存在内在联系。在鉴定阶段，审计人员应该剔除与审计事项无关的证据，挑选能直接或间接证明被审计事项真相的证据。

（3）鉴定证据的重要性。即鉴定审计证据对于证明被审计事项是否具有重要意义。证据的重要性主要体现在证据反映的问题性质、金额大小以及对审计意见的影响三个方面。

（4）鉴定证据的充分性。即鉴定审计证据的数量是否足够作为做出审计结论的依据。这在很大程度上取决于审计人员的职业判断和准备承担的风险。

（5）鉴定证据的经济性。即鉴定审计证据的效用与收集鉴定这些审计证据的成本之间的关系。审计人员应该本着成本效益原则，从可以收集到的审计证据中挑选出合适的审计证据以支持其审计结论和审计意见。

社会服务项目审计旨在发现项目资金管理与使用环节存在的问题，提出加强管理的建议，以保证资助资金的安全与有效使用。通过审计，可以指导和规范项目执行单位的制度建设，提高执行单位的项目管理水平，增强相关人员遵守财经法规的意识。

第二节　社会服务项目审计的内容

社会服务项目审计是对项目的执行过程进行评价，内容包括项目管理制度的建立及执行情况、预算编制及执行情况、项目实施情况、资金使用情况、项目会计核算情况和项目档案管理情况。

一、项目管理制度的建立及执行情况

社会组织在执行社会服务项目的过程中，需要建立有效的内部控制，建立项目管理及资金使用管理制度。社会组织需要建立《会计工作规则和核算办法》、《财务内部审批流程及制度》（见拓展阅读 6－1）和《项目资金使用管理制度》（见拓展阅读 6－2）等相关财务制度，确保财务管理有章可循。社会组织在执行过程中，应严格资金使用用途，健全资金审批手续。

对未制定相关管理制度或制度中存在重大缺陷的，在前期咨询中应督促项目执行单位建立健全项目管理制度。

拓展阅读 6－1　　财务内部审批流程及制度

为了加强组织资金费用管理，要本着经济、节约、满足功能的原则，在各项目预算规定的范围内合理使用资金，据实列支。组织费用开支必须遵循“费用与收入比”“计划总额控制”“先申报、审批，后支出、报销”的原则，必须凭有效票据报销。有效票据指内容填写齐全、大小写金额一致、票面完整清晰的正规发票、收据。对于汇总发票，在报销时须附上销售清单，清单应列明购入商品时间、名称、规格、数量、单价等详尽信息。

1. 现金报销经手人须填制报销凭证，按凭证内容要求在“摘要”处填写报销内容及金额，由审核人员、总干事审核签字后交财务核报。

2. 申购物品须经手人事先填制《物品申购单》，签字后交财务部门，须审批人审核签字，未经审批、擅自购买者不得报销。财务人员审核时应对照已收到的申购单。

3. 员工因工作需要外出联系工作，应乘坐公交车辆，按实报销，若有特殊情况，经部门负责人事先同意方可乘坐出租车辆，报销时须在发票上写明出发地、目的地。

4. 业务招待费：因工作需要招待客户或赠送礼品，应事先填制《招待费申请单》，审批人审核签字后交财务部门，财务人员审核时应对照已收到的申请单。员工因工作需要所支付的业务招待费在报销前须向部门负责人、审核人员主动说明，并由经办人在该张发票背面签字。

5. 市外差旅费：员工因公赴外省、市出差，应事先填制《出差申请单》，路程超过六小时及需要过夜的可购买硬卧火车票，轮船票不超过三等舱位；遇有急事需乘飞机的，必须事先在《出差申请单》上说明，审批人签字后交财务部门。财务人员审核报销时须对照已收到的申请单。

6. 员工参加关于本职工作的进修，须负责人同意，并至办公室登记备案，所发生培训费用按机构制定的有关规定予以报销。

7. 员工因病就诊发生的费用按机构有关医疗费用报销规定执行。

8. 员工因探病发生的费用，除受总经理委派外，均不能报销。

具体程序要求：

1. 费用发生均应事先申请，按各类费用具体管理办法的要求填写《费用申请单》，由费用发生部门或分管领导对所辖范围先进行申请审批，其中办公费用、员工劳务费用、车辆费用还需办公室批准。

2. 费用申请需办理现金预借及申请转账支票的，填写《借款单》，连同《费用申请单》由财务部门审核，财务部门负责人审批后办理借款。

3. 差旅费：员工出差须事先填写《出差申请单》，经部门或分管领导审批并总干事审批后，办理预借现金。

4. 其他费用：员工因公发生的交际支出，经批准后，方可报销。

拓展阅读 6-2　　项目资金使用管理制度

为切实规范项目资金管理，保障资金安全、高效运行，发挥资金使用效益，特制定以下管理制度：

1. 项目资金实行“专人管理、专户储存、专账核算、专项使用”。

2. 项目资金实行报账制，资金拨付一律转账结算，杜绝现金支付。

3. 资金的拨付本着专款专用的原则，严格执行项目资金批准的使用计划和项目批复内容，不准擅自调项、扩项、缩项，更不准拆借、挪用、挤占和随意扣压；资金拨付动向，按不同项目资金的要求执行，不准任意改变；特殊情况，必须请示。

4. 严格项目资金初审、审核和审批制度，不准缺项和越程序办理手续，各类项目资金审批程序，以该项目资金审批表所列内容和文件要求为准。

5. 项目资金报账拨付要附真实、有效、合法的凭证。

6. 万元以上的专项购置经费一律实行比价购买。

7. 项目资金利息收入年终一律转入本金滚动使用。

8. 加强审计监督，实行项目决算审计、整体项目验收审计、年度资金收支审计。

9. 对项目资金要定期或不定期进行督查，确保项目资金专款专用，要全程参与项目验收和采购项目交接。

二、预算编制及执行情况

（一）项目预算编制情况

检查项目预算是否按项目资金和配套资金分别编制，项目内容、实施范围、实施区域、服务类型、受益对象种类、服务种类、费用类型、资产种类、费用标准等列示是否清晰，支出范围和标准是否符合国家相关规定及项目实际情况。

（二）预算执行情况

检查项目执行单位是否按照申报或调整后的预算的支出范围和标准使用项目资金，方案不合理、内容不符合规定的项目是否按规定程序进行了预算调整，是否存在未经批准擅自调整资金使用范围的情况，是否存在按规定应办理预算调整而未进行预算调整的现象。项目预算调整申请，可以申请调整申报资金，也可以申请调整配套资金，申请调整资金需要获得项目发包方的同意。具体申请调整预算资金可参照中央财政资金支持社会组织参与社会服务项目申请预算调整要求（社会服务项目申请调整预算审批表见第五章表5-2）。如果需要调整预算资金，可参考民政部中央财政支持社会服务项目的申请预算资金调整方案（见拓展阅读6-3）。

拓展阅读6-3　　申请预算资金调整方案

首先，需要申请调整预算的单位，应于×月×日前提出申请（具体截止时间由项目发包方提供），将《项目申请调整预算审批表》《项目预算调整情况表》的电子版报送会计师事务所。

其次，会计师事务所审核并与民政部社会组织管理局办公室沟通后，将审核意见通知项目执行单位，项目执行单位将经事务所确认的《项目申请调整预算审批表》《项目预算调整情况表》一式三份（地方性执行单位一式四份并经省级社会组织管理局确认）盖章后于×月×日报送会计师事务所。

最后，事务所正式签署审核意见后于×月×日前报送民政部社会组织管理局办公室。民政部社会组织管理局办公室审核确认后返回项目执行单位、事务所和地方民管局各一份。

三、项目实施情况

（一）受益对象选择是否规范

受益对象是社会服务项目的服务对象，是社会服务直接服务或帮助的对象，是生活遇到困难，需要别人提供帮助的个人或人群。社会服务的受益对象不只是个人，也可能是家庭、群体或社区。受益对象由社会服务机构根据服务项目的要求进行选择后确认，真正的受益对象要通过社会服务机构的评估才能确定。受益对象选择必须符合规范，社会服务机构应该制定受益对象的选择标准和选择过程。受益对象确认的相关要求，可参照中央财政资金支持社会组织参与社会服务项目受益对象确认的相关要求（见拓展阅读6-4）。

拓展阅读6-4　　受益对象确认的相关要求

一、受益对象确认基本要求

1. 确认书内容完整

受益对象确认书可对受助方式、受助名称（种类）、规格等内容做适当修改，其他内容必须保留，并做到受益金额为印刷或打印。

若同一受益对象多次受益（接受多种服务种类或多次接受服务），应在受益对象确认书中列明总金额，另附有受益对象签字确认的证明材料或明细清单。

受益对象确认书应当一式两份，由项目执行单位和受益对象各持一份。

受益对象确认书应印有："受益对象请注意：为保证项目实施的有效性，中央财政资金支持社会组织参与社会服务项目办公室将采用电话方式就您是否接受救助、救助方式、救助金额等进行回访，请您予以配合，谢谢！"

2. 确认程序规范

受益对象确认书必须由受益对象或受益对象的监护人签字确认，对于无法由受益对象或受益对象的监护人签字确认的，应由两个以上证明人签字，同时注明证明人身份证号和联系方式。

不得出现受益对象确认书无签名的现象，也不得出现由单位（村、镇）代签或使用汇总表格替代的现象。

3. 确认书真实有效

进行受益对象确认时，项目执行单位应确保受益对象确认书的真实性，不得弄虚作假。

4. 妥善保管确认书

项目执行单位应将受益对象确认书装订成册，并编制受益对象汇总表，妥善保管，以备查阅。

二、确认过程中的特殊事项

1. 所有社会服务支出均须履行受益对象确认书签字确认程序。因受益对象为特殊人群（如癌症、艾滋病患者）而不便实施受益对象确认程序的，可不履行受益对象确认程序。对因其他特殊原因而不便于进行受益对象确认的，应报请民政部批准。

2. 人员培训类示范项目可不填列受益对象确认书，依据培训人员签到表，结合培训工作质量评估表和培训意见反馈表等作为受益依据。签到表必须体现项目名称，项目执行单位，受益对象姓名、身份证号、联系方式等基本信息，并由本人签字认可。对于采用电子信息系统进行报名和签到管理的项目，应保留履行报到手续的相关信息和记录。

3. 对于纳入预算的知识普及型培训（讲座）项目，由于费用较低、人员众多，可简化受益对象确认程序，使用培训人员签到表替代受益对象确认书。

4. 属于项目执行费用的支出，如纳入预算的宣传资料或纪念品的发放不需要填列受益对象确认书，但对于发放纪念品的应保留纪念品发放表。纪念品发放表应包括领取人姓名、身份证号、联系电话及签收记录。

5. 对于受益对象为五保老人的项目，受益对象确认书可由负责供养的村、养老院、福利院等作为监护人代为签字确认，联系方式填写负责供养的机构的联系方式。其他类似情况如山区贫困居民，没有联系方式的，也可通过拍照等方式佐证。

6. 项目执行单位将资金拨付社会福利院，由社会福利院聘请护工对老人进行照料的，由福利院填写受益对象确认书，并将老人的照料记录作为受益对象确认书的附件。

三、受益对象回访

项目执行单位应加强对受益对象的确认管理工作，建立和完善对社会服务活动进行管理和监督的机制，由执行单位的其他人员选择一部分受益对象进行回访，回访的内容包括是否接受服务、服务质量和受益金额等，以确保社会服务工作质量。

民政部社会组织管理局办公室将在项目执行单位回访的基础上，使用电话方式对受益对象就是否接受服务、服务方式、资助金额、服务质量等内容进行回访。

项目执行单位应按照管理办法、实施方案和国家统一会计制度的要求，依据真实、合法的支出凭证进行核算，将开展社会服务活动所取得的全部资金纳入本组织合法账簿进行核算和管理，不得将开展活动所取得的收入收到其他单位。要做到核算清晰，能够区分中央财政资金和配套资金的来源和使用情况。

项目执行单位应按项目进行明细核算或费用归集，保证支出与项目的相关性，避免因核算不清而导致支出无法确认的情况发生。

项目审计主要检查项目受益对象的选择标准是否明确，选择程序是否规范，是否按规定进行了公示，受益对象选择资料及相关证明材料的保存是否完整，所选择的受益对象是否符合要求。项目执行方需要提供项目受益对象花名册，受益对象确认书（见第三章表 3－5），同时提供受益对象选择标准（见拓展阅读 6－5）和受益对象选择过程（见拓展阅读 6－6）。受益对象确认书中的受益金额要求印刷或打印，不得手写，受益对象确认书应由受益对象或受益对象的监护人签字确认，对于无法由受益对象或受益对象的监护人确认签字的，应由两个以上证明人签字，同时注明证明人身份证号和联系方式。若同一受益对象多次受益，可在受益对象确认书中列明总金额，另附证明材料或明细清单。项目审计方将按一定的比例抽取受益对象，采用电话方式就救助情况进行回访，一般会选择10%进行电话回访。对出现受益对象选择标准不明确或受益对象选择过程不规范而导致支出不符合规定的，应予以调减；对由此导致项目目标不能实现的，在审计中应作为重大问题进行处理。

拓展阅读6-5　　困境青少年家庭项目受益对象选择标准

单亲、贫困家庭、孤儿家庭中家庭成员有一方重病、家庭成员有一方残疾。

备注：

（1）家庭成员有一方重病：父母有一方重病或青少年重病或抚养人重病；

（2）家庭成员有一方残疾：父母有一方残疾或青少年残疾。

拓展阅读6-6　　困境青少年家庭项目受益对象选择过程

受益对象确定程序：由当地政府部门提供基本名单，然后机构通过走访服务对象的家庭，在对家庭加以评估的基础上进行挑选。

受益对象挑选原则：

（1）同等条件下，靠近机构的服务对象优先；

（2）征求服务对象意见，服务对象同意接受服务的优先；

（3）根据服务对象及其家庭的实际情况，困难情况比较严重的优先。

（二）是否存在转包分包行为

检查项目执行单位是否存在将项目转包、分包给其他组织实施的情况，是否存在将项目资金拨付中间人并由中间人转付受益对象或为受益对象提供服务的行为，是否存在将项目委托给与项目执行单位内部人员（包括负责人、分支机构负责人、员工等）有直接利益关系的其他组织或个人实施或合作开展的情况。

在审计中应正确区别分包转包行为与购买服务。对于出现分包或转包行为、将业务委托给有直接利益关系的组织实施而导致项目支出不能确认的，在审计中应予以调减。不论是否对项目支出进行调减，在审计中均应将存在分包转包行为或将业务委托给有直接利益关系的组织实施的项目作为存在重大问题的项目进行处理。

（三）物资及服务的购买程序是否规范

检查项目执行单位在购买物资或服务的过程中是否履行了必要的询价比价或招标程序，相关资料保存是否完整，购买服务或物资是否签订合同，所签订的合同是否规范，是否存在价格不公允的情况，使用财政资金是否符合政府采购的相关规定。对购买的物品和服务，如果数量较多或价格较高，应采取比价购买（见表6-2）。

表6-2　　购买手工材料比价说明

机构名称：　　　　日期：

商品名称	商品提供方	单价	选项	备注
手工珠子	WJ彩珠店	19元/斤	✓	珠子质量好，免费提供培训
	AB彩珠总汇	18元/斤		
	CF彩带专卖行	18元/斤		
丝网花	SD手工坊	5元/枝	✓	价格适中且服务态度好
	FGG手工坊	5元/枝		
笔墨纸砚	WH书画店	16元/份	✓	价格低
	QFR书画店	17元/份		
	SG超市	22元/份		

重点检查是否存在向与项目执行单位内部人员（包括负责人、分支机构负责人、员工等）有直接利益关系的组织或个人购买服务或物资的现象，对存在该类现象的项目应重点检查购买服务或物资的价格是否公允。

对存在价格不公允或利益输送行为的，在审计中应对支出予以调减。对存在向与项目执行单位内部人员有直接利益关系的组织或个人购买服务或物资的现象的，不论是否已对支出进行调减，在审计中均应作为重大问题处理。

（四）受益对象确认及回访程序是否规范

检查项目执行单位是否按规定对全部受益对象履行了确认程序，是否存在受益对象确认书内容不完整、程序不规范的现象。对于未进行受益对象确认或执行替代程序的，检查其是否符合相关规定；对于有特殊情况无法履行受益对象确认程序的，检查其是否报经项目发包方批准。

项目执行单位应在受益对象确认的基础上，建立其他人员对受益对象进行抽查回访的制度。通过进一步实施受益对象回访程序，检查是否存在支出金额不能确认的现象。抽查需要填写意见反馈表（见表6-3）。

表6-3　　抽查意见反馈表

项目名称			
抽查内容			
抽查时间			
负责户数		抽查户数	
问题反馈			
建　议			
督　导	（签字）		

对于受益对象确认程序不规范而导致支出不能确认的，审计时应予以调减。对于受益对象确认书存在严重弄虚作假情况的，审计时应作为重大问题处理。

（五）项目完成是否及时、项目目标是否实现

检查项目是否按规定的时间完成，受益对象和开展服务活动的数量是否与申报书一致。对于实际完成情况与项目目标有较大差异的，应分析原因，判断是否属于不可抗力。对于未按规定时间完成，或与项目目标有较大差异且无合理原因的，审计时应作为重大问题处理。会计师应对在审计现场结束日仍不能完成并实现项目目标、项目资金有结余的项目，提出后续处理建议，并由项目执行单位制订整改计划。

四、资金使用情况

通过实施检查账簿、会计凭证、项目合同、付款记录、相关票据、签收单、项目资料等程序，重点检查项目资金是否按照项目预算所规定的用途、标准使用，项目支出是否真实，是否做到了专款专用，资金使用范围和内容有调整的是否履行了审批程序，是否存在违规列支不合理费用的现象。检查重点如下。

（一）资金使用审批程序是否完善

检查项目执行单位是否建立项目支出审批制度并严格执行，费用报销单据是否列明支出事由或用途，使用票据是否合法，相关项目资料是否齐全，是否出现“以拨代支”的现象。

（二）资金拨付程序是否严格

检查项目资金是否做到了按进度拨付或使用，是否将款项直接拨付受益对象或为项目提供服务和商品的组织，是否存在资金滞留第三方的情况，是否出现大额支付现金、超范围支付现金、公款私存等行为。

针对资金使用过程中出现的问题，根据所出现问题的性质，分别处理。对于资金拨付不规范导致支出不能确认的，应予以核减；对于存在资金滞留第三方、公款私存等行为的，应作为重大问题处理。

（三）项目支出范围和标准是否符合规定

检查项目执行单位的支出范围和标准是否符合相关法规的规定，是否按预算规定的标准列支了各项费用，是否做到了经济合理。重点检查是否存在以下事项：在项目资金中列支本单位或上级单位管理费，将项目资金用于缴纳罚款罚金、偿还债务、对外投资、购买汽车或修建楼堂馆所等挤占、截留、挪用、侵吞项目资金，列支与项目无关的捐赠、赞助及其他支出，提供虚假资料骗取财政资金，在中央财政资金中列支应由配套列支的费用，在中央财政资金中列支本组织人员工资（专业社工项目除外）、劳务费、伙食补贴等，超标准和范围购置固定资产支出，超标准列支允许列支的费用，支付费用存在票据不合规或无票据现象，支付专家咨询费但无相关人员资质证明，劳务费领取表内容不全等。具体检查重点为：

（1）培训费。检查培训的期次、内容、培训对象、天数、人数及支出金额与预算是否一致，开展培训的全部费用（不含师资费）是否控制在每人每天550元以内，培训资料保存是否完整。培养费用需要提供培训人员名单、专家费用支出表。副高级技术职称专业人员每学时最高不超过500元，正高级技术职称专业人员每学时最高不超过1 000元，院士、全国知名专家每学时一般不超过1 500元。其他人员讲课费参照上述标准执行。讲课费按实际发生的学时计算，每半天最多按4学时计算。同时为多班次一并授课的，不重复计算讲课费。支付讲课费和专家咨询费时，须提供老师及专家的简介资料和资格证明。

（2）劳务费。检查发生的劳务费与预算金额是否相符，开支标准是否符合国家规定或当地物价水平，发放对象是否为在项目执行单位无工资性收入的人员，是否保留能证明专家身份及能力的资料，是否列支对受益对象进行救助而产生的救助对象的各种补贴，并检查项目执行单位是否按规定代扣代缴个人所得税。检查是否有工作时间记录和劳务费支付表（签收单），劳务费支付表内容填列是否完整、签字是否齐全、是否存在弄虚作假行为。

（3）专业社工服务人员工资。检查专业社工服务人员工资支出金额与预算金额是否相符，提供专业社工服务的工作记录是否完整并有服务对象或相关人员签字确认，费用标准是否符合预算的要求并不高于当地社会平均工资。

（4）交通费。检查交通费支出金额与预算金额是否相符，差旅费标准是否参照国家有关规定执行，差旅费报销单据是否完整，市内交通费与项目是否相关。

（5）会议费。检查会议费支出金额与预算金额是否相符，召开会议的内容、天数、人数及支出金额与预算是否一致，全部费用是否控制在每人每天550元以内。实际会议费支出按照550元和预算书的标准就低执行。检查会议资料保留是否完整。

（6）印刷宣传费。检查发生的印刷宣传费支出金额与预算金额是否相符，是否经济合理，相关资料是否完整。

（7）发放款物支出。检查所发放的款物是否是开展项目所必需的，购置或接受捐赠的物资的种类、数量、标准、金额是否与预算相符，款项是否通过银行转账支付，物资发放手续是否完整规范，资料保存是否完整，是否有措施保证款物发放给受益对象。

(8) 固定资产购置支出。检查购置或接受捐赠的固定资产的种类、数量、标准、金额是否与预算相符，手续是否完整规范，资料保存是否完整；检查办公设备、服务设施购置费和项目执行费用是否控制在一定的额度内。

(9) 项目执行费用。检查项目执行费用是否与预算一致，列支金额或比例是否符合相关规定。

对项目执行单位发生的超标准、超范围列支项目支出的问题，在审计中应予以调减，并根据问题的性质界定问题的性质。

(四) 配套资金使用情况

检查项目配套资金是否按承诺的金额及时足额投入，是否按预算规定的费用类型和标准据实列支；对立项资金有缩减的，检查实际使用的配套资金比例是否与原申报的配套资金比例一致。

(五) 自身服务的确认

对于以自身服务应收取的服务费确认项目支出的情况，检查这种服务方式是否在申报书中明确、成本无法完整体现的原因是否属客观原因、费用标准是否明确合理、服务记录是否真实完整、受益对象确认及回访是否有效，判断是否可以将自身提供的服务确认为项目支出。

五、项目会计核算情况

检查项目执行单位对项目资金的核算是否规范，是否执行了国家统一的会计制度，是否将项目资金纳入单位合法账簿核算和管理，是否按要求单独设置会计科目进行中央财政资金和配套资金的核算，购置的固定资产是否作为固定资产进行核算与管理，会计处理是否规范和及时。

检查本项目资金支出凭单是否载明本项目名称。对于未按规定单独为本项目设立明细科目进行核算的，重点检查是否存在费用在其他类型的项目资金中重复列支的现象。

对于未纳入项目执行单位统一核算的配套资金，原则上不予确认。对于科目使用不正确、账务处理不正确、账务处理不及时、实物资产核算与管理不规范等会计核算问题，视情况进行处理；对存在故意弄虚作假行为的，作为重大问题处理。

六、项目档案管理情况

检查项目档案管理情况。对项目资料不齐备，或缺少重要项目资料的，应作为重大问题处理。对项目资料齐全，但在项目档案管理上存在不足的，作为管理问题处理。

第三节　社会服务项目审计的实施

审计单位对社会服务项目的审计主要包括资料审核和财务审核，审核社会服务项目资料与财务的真实性和一致性的程度。

一、资料审核

项目执行方应根据项目方的要求，按预定计划实施项目，根据项目进展及时联系项目审计单位，确定项目审计的时间以及需要准备的清单。项目执行方依据项目审计单位提供的资料清单（见表6－4）准备相应材料，并提交结项报告书。

表6－4　　民政部中央财政支持社会服务项目专项资金审计所需提供资料清单

序号	审计资料名称	本/页数
1	项目执行单位登记证书（最近两年年检合格）。	
2	项目执行单位银行开户许可证。	
3	管理层声明书。	
4	项目执行单位基本情况表及项目执行单位简介［包括历史沿革、分支机构情况、内部组织机构情况、工作人员名单及人员情况（其中，专职工作人员××人、志愿者××人、其他人员××人）］。	
5	项目执行单位财务会计制度，注明会计核算是否执行《民间非营利组织会计制度》。	
6	项目执行单位项目核算办法（项目执行单位内部执行流程、财务审批手续、会计核算办法）。	
7	项目执行单位项目执行期间的会计账簿，包括财务总账、明细账、现金银行账、日记账（银行对账单）、装订的会计凭证。	
8	项目资金收支表、项目支出明细表。	
9	执行发展示范项目的社会组织，购置的电脑、打印机、传真机、复印机等必需的办公设备和服务设施（须为申报书中申请购置的设备），请提供明细单（包括设备名称、购置时间、规格型号、单价、数量、金额）、计提折旧明细表。	
10	获得税收优惠情况（请提供减免税批文复印件）。	
11	参加社会组织评估情况（若参加，请提供最近一次的证书复印件）、获得表彰情况（若获得表彰，请提供相关证明复印件）。	
12	社会服务项目立项申报书。	
13	社会服务项目中期报告、终期总结报告（若项目未完成，可待完成后再提供）。	

14	与项目执行过程相关的资料，包括：	
	（1）项目资金来源资料，如拨款文件、捐赠协议等；	
	（2）项目执行过程中需购买服务或商品的，提供比价过程说明及购买服务或商品的合同；	
	（3）项目受益对象选择文件，包括受益对象标准、选择过程、证明材料等资料；	
	（4）受益对象详细情况说明（如：救助病人，应列出病种、病人数量、人均资助金额；农村援建沼气池，应列出援建数量，每户资助金额；社工服务，应列出服务对象数量等）；	
	（5）受益对象确认书（内容完整、签字齐全）；	
	（6）执行项目活动中有召开会议的，提供会议天数、人数，人均费用标准，会议通知、议程、照片、签到表、发票和消费明细等资料；	
	（7）执行项目活动中有进行培训的，提供培训天数、人数，人均费用标准，培训通知、课程设置、教材讲义、会场照片、签到表、发票、消费明细等资料；	
	（8）执行项目活动中发生专家费用的，提供专家费的开支标准、发放明细表（包括专家姓名、身份证号、供职单位、职位及职称、签名）；	
	（9）执行项目活动中发生劳务费的，提供劳务费的开支标准、发放明细表（包括姓名、身份证号、相应证明材料、签名）。	
15	其他所需资料，其中包括项目对外宣传资料。	

项目审计提交的材料应根据内容分类装订成册，并设置页码，便于项目审计方查阅。材料准备可以分为组织介绍类、活动材料类、财务类。**组织介绍类**包括社会组织登记证书、银行开户许可证、管理层声明书、项目执行单位介绍、财务会计制度、有关税收优惠的材料、社会组织等级评估材料、外宣资料等。**活动材料类**可以根据活动类型分类，比如个案类、小组活动类和社区活动类：个案类包括个案服务全部过程，即接案、评估、服务、督导、结案等；小组活动类包括小组活动策划书、签到表、活动材料申请表、活动图片、小组活动总结；社区活动类包括社区活动策划书、签到表、活动材料申请表、活动图片、社区活动总结等。**财务类**需要提供社会组织总账。审计所需要的具体材料清单由审计方提供。

二、财务审核

（一）项目资金收支表

项目资金收支表（见表6－5）主要是项目的主要子项目的支出统计。项目审计的核心是审查项目执行是否按照项目任务书的规定执行了项目，包括项目开展的服务是否符合项目任务书的规定、其开支是否符合项目预算的规定、活动与支出之间是否存在一致性。

表 6-5　　**项目资金收支表**

项目单位：（加盖公章）　　单位：万元

序号	收支内容	预算金额					申报发生金额				
		申报资金	自有资金	社会募集资金	地方财政资金	小计	申报资金	自有资金	社会募集资金	地方财政资金	小计
一	收入										
二	支出										
（一）	开展服务支出										
1											
2											
（二）	发放款物支出										
1											
2											
（三）	固定资产购置支出										
1											
2											
（四）	项目执行费用										
1	交通费										
2	印刷费										
3	通信费										
4	……										
三	收支结余										

注：
1. 预算金额栏中，申报资金总金额按批复金额填列，其他财政资金和社会资金按批复的申报资金同比例缩减的金额向下取整至万元填列。
2. 预算支出明细可根据预算明细表金额填列，对有预算调整的项目，按经批准调整后的金额填列。
3. 配套资金的收入审计确认金额应与配套资金的支出金额一致，配套资金无结余。

项目执行方提供项目资金收支表。根据项目资金收支表，审计方可以考察项目经费的使用情况是否符合项目预算的规定。在项目审计中，项目支出的内容有一定幅度的控制，这个幅度一般在10%的范围内。比如，个案服务支出预算是10万元，那么实际服务支出可以在9万～11万元之间，如果超出这个范围，项目审计方对超出的部分将不予认可。也就是说，超出这个幅度，说明项目的预算是有问题的。

（二）项目支出明细表

项目支出明细表用于考核每项具体服务与活动的支出明细。项目支出明细建立在财务报销的基础上，即在项目执行过程中，以每次活动产生的费用为基础。依据财务准则，会计需要对项目报销设立记账凭证。项目支出明细表（见表6-6）就是对项目支出的记账凭证的统计。项目支出明细包括支付时间、凭证号、资金性质、支付内容、支付金额、支付方式和支付类型。支付时间即支付凭证的时间。凭证号为支付凭证右上角的数字。资金性质分为申报资金、自有资金、社会募集资金和地方财政资金（包括福彩资金）。支付内容是指项目预算中的具体支出内容。支付方式包括现金和转账。支付类型是指具体支出内容的分类。如果对照记账凭证（见图6-2），摘要内容就是支出明细，明细科目就是支付类型。

表6-6　　项目支出明细表

项目执行单位：						索引号：	
序号	支付时间	凭证号	资金性质	支付内容（费用明细）	支付金额（元）	支付方式	支付类型
1	1月	13	地方财政资金	情况调查服务支出	784	现金	劳务费
2	1月	14	地方财政资金	入户家访	2 590	现金	劳务费
3	1月	15	地方财政资金	个案服务	800	现金	社工费
4	1月	16	地方财政资金	情况档案建立	900	现金	劳务费
5	1月	17	地方财政资金	通信补助	850	现金	通信费
6	2月	11	地方财政资金	高校志愿者招募	132	现金	劳务费
7	2月	12	地方财政资金	市内交通费	75	现金	交通费
8	2月	13	地方财政资金	电话费	86	现金	通信费
9	……	……	……	……	……	……	……

记 账 凭 证

年　月　日　________字________号

摘要	会计科目	明细科目	借方金额									贷方金额									记账
			百	十	万	千	百	十	元	角	分	百	十	万	千	百	十	元	角	分	
合计：　（附件　张）																					

会计主管　　审核　　制证　　记账

图 6-2　记账凭证

会计账簿由报销单、粘贴票据单、记账凭证组成。记账凭证是由会计人员对审核无误的原始凭证或汇总原始凭证，按其经济业务的内容加以归类整理，作为登记账簿依据的会计凭证。会计人员填制记账凭证要严格按照规定的格式和内容进行。记账凭证的字表示凭证的类别，分别为银行存款收款、银行存款付款、现金收款、现金付款、转账；号就是该凭证在此类凭证中的顺序号。对于社会服务项目而言，摘要就是购买物资和服务的具体内容，会计科目主要就是业务活动成本，明细科目就是项目预算中列出的支出类型。

复习思考题

1. 分析社会服务项目预算编制的重要性。
2. 社会服务项目审计的主要内容有哪些?
3. 社会服务项目审计的资料审核和财务审核之间有何联系?

推荐阅读书目

1. 陈力生. 现代审计基础与实务 [M]. 上海：立信会计出版社，2005.
2. 韩俊魁. 非营利组织项目管理 [M]. 北京：社会科学文献出版社，2015.
3. 大爱之行全国项目办公室. 社会工作项目管理手册 [M]. 北京：中国社会出版社，2016.

第七章 社会服务优秀案例和项目撰写

本章要点

社会服务优秀案例和项目的征集具有促进社会组织自身发展、形成社会组织服务品牌以及宣传社会服务的理念与方法等意义。社会服务优秀案例由背景介绍、分析预估、服务计划、服务计划实施过程、总结评估和专业反思六个部分构成，体现的是服务对于服务对象或社区的改变；社会服务优秀项目由背景介绍、项目目标、项目方案、项目实施过程、项目成效与经验总结、问题与反思六部分组成，体现的是对项目实施的思考。撰写社会服务优秀案例和项目要体现社会服务的真实性、典型性、专业性、创新性、示范性、中立性、规范性等要求，同时也要注意使用社会理论，使其具有一定的理论高度。

关键概念

社会服务优秀案例　社会服务优秀项目

社会服务优秀案例主要针对服务对象而言，体现的是服务对于服务对象或社区的改变，反映的是通过服务帮助服务对象或者社区解决了问题；社会服务优秀项目主要从项目实施过程来看，体现的是对项目实施的思考。案例更突出对具体的个人、团体或社区问题的解决，是具体的，是项目实施的一个部分。

第一节　社会服务优秀案例和项目的内容和标准

一、征集社会服务优秀案例和项目的意义

首先，促进社会组织自身发展。撰写优秀项目和服务案例对于社会组织而言是对服务过程的一个较为完整、全面的总结，有助于社会组织发现项目执行过程中的问题，并对以后其他项目的实施提供改进措施；社会组织通过参与优秀项目和案例征集活动，也可以提升社会组织的知晓度和影响力；获奖则能提升社会组织的影响力，也能提高社会组织的资质，有助于社会组织日后申报项目。

其次，形成社会组织服务品牌。社会组织实施社会服务项目，要逐渐实现服务的专业化，在此基础上逐渐提炼形成一套完整的服务模式，实现服务的标准化，形成社会服务品牌。品牌化的项目最终应该超越个别的效果，进一步拓展到社会的宏观效应。品牌建设可以提升社会组织的影响力，也能拓展社会组织获得更多社会资源的路径。

最后，宣传社会服务的理念与方法。专业化的社会服务需要一个过程，需要社会组织长期的努力，不断把专业价值与方法融入社会服务中，达到助人自助的目的，协助个人与家庭解决问题，从而推动社会问题的解决。通过对已实施服务项目和案例的提炼，介绍成型的社会服务的理念与方法，能让更多的社会组织了解社会服务项目，也能让社会更好地了解社会服务项目。

二、社会服务优秀案例和项目的内容

（一）优秀案例内容

社会服务优秀案例包括个案工作案例、小组工作案例和社区工作案例，具体格式可参考表7－1。

表7－1　　优秀案例内容

一、背景介绍
二、分析预估

三、服务计划
四、服务计划实施过程
五、总结评估
六、专业反思

1. 个案工作案例

由背景介绍、分析预估、服务计划（包括服务目标、服务策略、服务程序等）、服务计划实施过程（在正文中应重点描述服务如何开展，详细的工作记录、对话等文本可作为附件）、总结评估和专业反思六个部分构成。

2. 小组工作案例

由背景介绍、分析预估、服务计划（包括小组理念、小组目标、小组性质、对象、时间、小组程序等）、服务计划实施过程（在正文中应重点描述服务如何开展，详细的工作记录、对话等文本可作为附件）、总结评估和专业反思六个部分构成。

3. 社区工作案例

由背景介绍、分析预估、服务计划（包括服务目标、服务策略、服务程序等）、服务计划实施过程（在正文中应重点描述服务如何开展，详细的工作记录等文本可作为附件）、总结评估和专业反思六个部分构成。

（二）优秀项目内容

社会服务优秀项目主要由背景介绍、项目目标、项目方案、项目实施过程、项目成效与经验总结、问题与反思六部分组成。附件部分须提供与项目管理有关的重要文件（如项目管理制度、资金使用办法等），可提供项目设计与组织实施过程中的工作记录及其他辅助性资料。优秀项目的内容参见表 7-2。

表 7-2　　优秀项目内容

一、背景介绍
二、项目目标
三、项目方案

四、项目实施过程
五、项目成效与经验总结
六、问题与反思

三、社会服务优秀案例和项目的基本要求

（一）优秀案例的基本要求

1. 真实性

所提供的材料应源于实际工作，具有真实的服务主体、服务对象、服务内容、服务过程和服务效果。

2. 专业性

具备社会工作专业要素，反映社会工作的专业理念、方法与技巧，体现社会工作的专业作用和专业成效。

3. 完整性

体现社会工作者已经完成并做过成效评估的服务。尚未开展、准备开展和正在开展的服务不能参加案例申报活动。

4. 示范性

申报案例应代表本领域社会工作服务开展的较高水平，对同类服务具有积极的示范作用。

（二）优秀项目的基本要求

1. 真实性

具有真实的服务机构、服务对象和服务过程，所提交的各项材料真实有效。

2. 专业性

具备社会工作专业要素，体现社会工作专业理念，运用社会工作专业方法与技巧，发挥社会工作专业作用。

3. 规范性

具有健全的项目管理制度、完整的组织实施方案、明确的目标任务，符合项目管理和专业社会工作服务的规范要求。

4. 创新性

在实施过程中体现理念创新、技术创新、制度创新，创造性地探索专业社会工作项目管理服务方法与模式。

5. 效益性

全面实现预期目标，有效满足服务对象需求，解决服务对象问题，在解决社会问题、提升社会服务、创新社会治理等方面取得良好成效。

6. 示范性

体现国际视野、本土特色，对同类项目的设计、组织、实施具有示范带动作用。

四、社会服务优秀案例和项目的标准

（一）真实性

申报案例所提供的材料应源于本地社会工作者的实际工作，具有真实的服务主体、服务对象、服务内容、服务过程和服务效果。不得杜撰、移植或抄袭案例。案例的作者必须为社会工作者，且参与案例开展过程。案例内容能真实和完整地呈现助人过程，包括社会工作者与服务对象的互动过程以及场景描述等。另外，服务必须是有成效的，能促进服务对象的成长和问题的解决。简单来说，就是内容要真实有效，评述须公正客观。

（二）典型性

社会工作者的案例需要具有典型性，即是服务中比较常见的或者具有代表性的。案例应重点选取社会较为关注的个人、家庭或者特定群体所遇到的社会矛盾与问题，并且是通过社会工作介入后取得积极显著效果的。一般涉及的热点、难点主要问题有社会福利、社会救助、社会慈善、残障康复、优抚安置、社区建设、青少年服务、司法矫正、教育卫生等方面。也就是说，案例应具有较强的现实意义、可操作性和代表性。

（三）专业性

申报案例应具备社会工作专业要素，能够反映社会工作的专业理念、方法与技巧，体现社会工作的专业作用和专业成效。在案例中，社会工作者能根据对服务对象问题和需求的分析，恰当地运用个案、小组和社区社会工作的专业方法技巧，体现对每一类对象开展工作的主要流程，秉持社会工作价值的伦理取向，展现社会工作理论与方法的专业魅力。案例务必要凸显专业性，且方法技巧运用适当。

（四）创新性

申报案例能够在现有社会工作方法和理论的基础上，结合实际，赋予创新性，提高服务效果。案例应紧扣社会民生问题、社会管理创新问题，特别是在专业反思部分，要能够要提出社会工作实务面临的一般性问题，并给予合理建议。能够提出新观点，对探索社会工作实务、推进社会工作本土化具有重要意义。

（五）示范性

申报案例应代表某领域社会工作服务开展的较高水平，成效显著。社会工作者在案例中所使用的方案技巧、总结的介入经验模式，可代表一类服务的一般操作程序或反映出某领域社会工作的特点，可以宣传推广，同时对同类服务能发挥积极的示范或者启发作用。即服务成果可展示、过程可操作、做法可借鉴。

（六）中立性

在案例的书写方面，需要做到文字简洁，语句通顺，有条理、有逻辑地记录客观事实。社会工作者应保持记录的中立性，避免自身的主观判断和评价。案例须尊重服务对象或其监护人的隐私权，不使用服务对象的真实姓名，不涉及服务对象及其家人的工作单位、家庭住址等个人真实信息。

（七）规范性

此规范性主要指行文格式的规范性。案例的内容中应具备服务对象、社会工作者、专业价值观、专业助人方法、助人活动这五大基本要素。文中可以插入社会工作服务流程、会谈记录、活动安排等必要图表，重点描述服务过程开展情况，以增加案例的说服力。整个案例应逻辑清晰、结构完整、语言精练，不出现错别字，否则，势必影响到评审专家对其质量的评价。案例中涉及社会工作服务主体和客体的术语，应统一使用“社会工作者”和“服务对象”的表述，不使用“工作者”“工作员”“辅导员”“工作对象”等表述。

在撰写社会服务优秀案例和项目时还要注意：一是清楚阐明该案例和项目的具体内容；二是恰当地使用社会理论，使服务案例和项目具有一定的理论高度。

第二节　社会服务优秀案例[①]

社会服务案例由背景介绍、分析预估、服务计划、服务计划实施过程、总结评估和专业反思六个部分组成。社会服务案例可以分为社会工作类的个案服务案例、小组

① 社会服务优秀案例范例见附录3。

服务案例和社区服务案例，还有其他类型的服务案例，比如心理咨询、婚姻家庭咨询、困难帮扶等服务类型。本节主要介绍社会工作类的个案服务案例的撰写。其他服务案例可参考个案服务案例撰写的格式与内容。

一、背景介绍

这一部分主要包含两个方面的内容，即服务对象的基本情况和个案背景。

(一) 服务对象基本情况

在这一部分，社会工作者需要介绍个案的基本资料，包括服务对象的化名或代名、性别、年龄、身体状况、家庭状况、已有的重要的人生经历等等。例如：服务对象小杰（化名），男，16 岁，性格开朗，热心助人。经历多次转学，有吸食毒品、聚众滋事、文身、厌学等偏差行为。

(二) 个案背景

这一部分需要介绍服务对象的现状：服务对象的问题或情绪给其带来哪些心理和社会的困扰？服务对象曾经为此做出过哪些努力？服务对象对待问题的感受和情感是什么？服务对象是怎样认识和看待自身的问题的？服务对象的家庭关系、社会关系、社会支持如何？个案背景示例见拓展阅读 7－1。

拓展阅读 7－1　**个案背景示例**[①]

阿文（化名）对自己的糖尿病感到很无奈，在与社会工作者面谈的过程中总会显得情绪低落。阿文目前在家的大部分时间会卧床休息，和妻子、女儿之间也很少沟通。由于自身身体上的不适和所面临的经济压力，阿文的性情变得有点孤僻，很少出门参与社交活动，与以前的同事、朋友也不再往来。阿文的这些表现让其妻子常常觉得对生活失去信心，女儿也开始躲着阿文，甚至不愿意和阿文打招呼，家人之间很少互动。

二、分析预估

社会工作是专业的助人活动。社会工作理论不仅确立了社会工作的专业性和权威性，更为社会工作实践提供了方法和原则。社会工作者在相关理论的指导下，对服务

---

① 张翠娥. 家庭社会工作［M］. 北京：中国人民大学出版社，2016：39.

对象的问题做出解释、预测与判断，从而确立社会工作干预的模式和方法，使服务更好地开展。社会工作实践中常用的理论有：赋权理论、社会支持理论、优势视角、马斯洛需求层次理论、社会学习理论、人际需要理论、镜中我理论、社会损害理论和社会重建理论、社会系统理论、心理防御机制理论、活动理论和社会化理论（见拓展阅读7-2）。

拓展阅读7-2　　社会工作相关理论

1. 赋权理论。该理论也被称为“增权理论”“充权理论”。其主要观点有：

（1）个人的无力感（没有权能）是由压迫造成的；

（2）社会环境中存在着直接或间接的障碍，使个人无法实现他们的权能，但是这种障碍是可以改变的；

（3）每个人都不缺少权能，但是，在现实生活中，许多人却表现为缺乏权能；

（4）受助人是有能力、有价值的，赋权理论强调社会工作者要帮助处于弱势地位的个人和群体消除环境的障碍，帮助他们确立自信，增强他们的权能。

2. 社会支持理论。社会支持网络指的是一组个人之间的接触，通过这些接触，个人得以维持社会身份并且获得情绪支持、物质援助和服务、信息与新的社会接触。依据社会支持理论的观点，人们在生活中遇到的许多问题往往都是由于缺乏必要的社会支持而产生的。一个人所拥有的社会支持网络越强大，就能够越好地应对各种来自环境的挑战。以社会支持理论为取向的社会工作，强调通过干预个人的社会网络来改变其在个人生活中的作用。特别是对那些社会网络资源不足或者利用社会网络的能力不足的个体，社会工作者致力于给他们以必要的帮助，帮助他们增加社会网络资源，提高其利用社会网络的能力。

3. 优势视角。优势视角认为每个人、群体、组织和社区都有其内在的能力，包括天赋、知识、社会支持和资源，只要存在适当的条件，就可以建设性地发挥自身功能。该理论相信人是可以改变的，每个人都有尊严和价值，都应该得到尊重；每个人都有自己解决问题的力量与资源，并具有在困难环境中生存下来的抗逆力。优势视角强调社会工作者在助人实践过程中关注的焦点应是服务对象个人及其在所在的环境中的优势和资源，而非问题和症状，改变的重要资源来自服务对象自身的优势，个人的经验是一种优势资源。

4. 马斯洛需求层次理论。马斯洛的需求层次理论认为，人的需求由生理需求、安全需求、归属与爱的需求、尊重的需求、自我实现的需求五个等级构成。马斯洛认为，人在低层次需求被满足后，会转而追求满足更高层次的需求。人的任何一种需求都不是仅仅依靠自己就可以实现的，特别是较高层次的需求。社会工作者应该帮助服务对象满足其不被满足的需求。

5. 社会学习理论。班杜拉的社会学习理论强调人的行为、思想、情感反应方式不仅受到直接经验的影响，也受到间接经验的影响，并认人的大部分行为是通过示范、观察和模仿获得的。通过观察和模仿别人的行为，可以学习和获得新的行为方式；并且通过观察行为受到的赞赏或惩罚，还可以使行为得到强化，即替代强化。

6. 人际需要理论。舒茨提出人际需要的三维理论，认为每一个个体在人际互动过程中都有三种基本的需要，即包容需要、支配需要和情感需要。包容需要指个体想要与人接触、交往、隶属于某个群体，并与他人建立并维持一种满意的相互关系。支配需要指个体控制别人或被别人控制的需要，是个体在权利关系上与他人建立或维持满意人际关系的需要。情感需要指个体爱别人或被爱的需要，是个体在人际交往中建立并维持与他人亲密的情感联系的需要。这三种基本的人际需要决定了个体在人际交往中所采取的行动，以及如何描述、解释和预测他人的行为。

7. 镜中我理论。在与他人的互动过程中，我们通过感知他人对我们的反应和评价，建立起我们的自我意识、自我形象和自我评价。我们对他人眼中的自我形象的想象，对他人关于这一想象的评价的想象以及某种自我感觉，构成了我们的自我认识。

8. 社会损害理论和社会重建理论。社会损害理论着重讨论的是，有时老人一些正常的情绪反应会被他人视为病兆而做出过分的反应，从而对老人的自我认知带来损害。接受消极暗示的老人随后会进入消极和依赖的地位，丧失原先的独立自主能力。有些所谓的老人问题大多是被标定的结果，也是老人自己受消极暗示所产生的连锁反应，因此，在帮助老人的过程中，社会工作者不仅要切实地帮助老人解决实际问题，同时也要协助老人增强信心和提升能力。社会重建理论就旨在改变老人生存的客观环境，以帮助老人重建自信心。社会重建理论的基本模式是：在第一阶段，让老人了解到社会上现存的对老人之偏见及错误观念；在第二阶段，改善老人的客观环境，通过提倡政府资助的服务来解决老人的住房、医疗、贫困等问题；在第三阶段，鼓励老人的自我计划、自我决定，增强老人自我解决问题的能力。

9. 社会系统理论。该理论认为人与环境是由相互依赖的元素构成的系统整体；系统运行与维持的基本条件是协调、均衡；如果各元素不能相互协调，系统均衡就会受到破坏，个体的生存与发展就会出现问题。社会系统重视分析社会系统内部和系统之间的相互作用，研究这些相互作用如何影响人们的行为。社会工作者的任务在于帮助恢复系统内各元素的均衡关系。

10. 心理防御机制理论。安娜·弗洛伊德的心理防御机制理论认为，心理防御机制是自我的一种防卫功能，很多时候，超我与原我之间、原我与现实之间，经常会有矛盾和冲突，人就会感到痛苦和焦虑。这时自我可以在不知不觉之中，以某种方式，调整冲突双方的关系，使超我的监察可以接受，同时原我的欲望又可以得到某种形式的满足，从而缓和焦虑，消除痛苦，这就是自我的心理防御机制。它包括压抑、否认、投射、退化、隔离、抵消转化、合理化、补偿、升华、幽默、反向形成等各种形式。人类在正常和病态情况下都在不自觉地运用心理防御机制，运用得当，可减轻痛苦，帮助渡过心理难关，防止精神崩溃，运用过度，就会表现出焦虑、抑郁等病态心理症状。

11. 活动理论。活动理论针对社会撤离理论所提出的老人因活动能力下降和生活中角色的丧失而愿意自动地脱离社会的观点。其主要观点有：(1) 活动水平高的老人比活动水平低的老人更容易感到生活满意和更能够适应社会；(2) 老人应该尽可能长久地保持中年人的生活方式以否定老年的存在，用新的角色来取代因丧偶或退休而失去的角色，从而把自身与社会的距离缩小到最低限度。在老年社会工作中，社会工作者不仅要在态度和价值取向上鼓励老年人积极参与他们力所能及的一切社会活动，而且更需要为老年人的社会参与提供更多的机会和条件。

12. 社会化理论。社会化是个体学习某一群体或社会的规范和行为准则，从而使自己能够适应群体或社会，并在其中充分发挥作用的过程。社会化贯穿于人的一生，人在社会化的过程中需要了解和习得自己所需要扮演的角色，懂得道德规范、性别角色、政治观点等。该理论反驳了“人进入了老年期应该以享受为生活目标而不再需要社会化了，传统社会的老年人具有天然的教化权位”的传统理论。社会化理论认为老年人仍然需要继续社会化，主要是因为老年人的角色在转换。

在分析预估这一部分，需要对服务对象的困扰和问题进行分析和评估。社会工作者可利用相关的社会工作理论对服务对象的困扰和问题进行分析和解释，可以从生物、心理、社会三个方面去进行分析（见拓展阅读 7－3）。

(1) 在生理方面，是不是由于疾病、服药、康复引起的反应？是否与特定的年龄阶段（青春期、更年期）有关？

(2) 在心理方面，是否与服务对象处理自身的情绪有关？是否与不合理的评价和认知，如绝对化、概括化、糟糕透顶的非理性的思维方式有关？

(3) 在社会层面，是否与缺乏社会支持和缺乏相应的治疗条件（如缺医药费）有关？

通过这些分析和评估，找出影响服务对象问题和困扰的关键点，明白服务对象的真正需求。

拓展阅读 7-3　　运用结构家庭治疗模式进行分析预估示例[①]

结构家庭治疗模式认为，个人的问题只是表象，家庭的问题才是导致个人问题的真正原因。服务对象的吸毒问题，不能仅仅从其个人角度予以解决，还需要从整个家庭环境、家庭关系的角度，使用相关家庭治疗方法予以解决……

生理：因为吸毒时间较长，目前服务对象患有丙肝、血管硬化等疾病，身体免疫力差，表现为瘦削、面色蜡黄、无法长时间站立等。

心理：认为自己在家中多余，感觉不到被需要，缺乏回归社会的动力和勇气，缺乏改变的动机，对戒毒信心不足。

社会：服务对象较少与邻里接触和交往，自其成年后，一直未就业，结婚前经济靠家里支持，结婚后经济主要靠妻子店铺收入及家人支持。

三、服务计划

在找出影响服务对象问题的关键点和明白服务对象的真正需求后，需要跟服务对象讨论和商定服务目标。服务目标是社会工作者与服务对象共同商定的。在确定目标后，社会工作者需要根据目标选择合适的指导理论、合适的介入技巧。因为每一种理论的适用对象和范围、每一种理论治疗要达成的目标、每一种理论的方法技巧都是不一样的，社会工作者需要根据个案的情况去选择理论（见拓展阅读 7-4）。

如服务对象的问题在不合理的认知上，可以选择认知疗法；如服务对象的问题在服务对象自身的自我评价、自我价值、自我概念上，可选择人本主义疗法；如服务对象的问题在偏差行为上，可选择行为主义疗法。之后，再选择理论中的技巧去制订服务计划。

拓展阅读 7-4　　留守儿童厌学情绪改善个案服务计划示例[②]

（一）服务目标

1. 提升服务对象的专注力，培养良好的学习习惯。（具体测量：能够维持专注力时间逐步增加，从 5 分钟到 20 分钟。学习成绩获得提升。）

2. 改善服务对象的厌学情绪。（具体测量：转变对待上学的态度与行为。）

---

① 张翠娥．家庭社会工作［M］．北京：中国人民大学出版社，2016：33.

② 江苏省民政厅．江苏省社会工作优秀案例与项目汇编．2016：54-55.

3. 促进服务对象与环境的适应性平衡。（具体测量：服务对象母亲的焦虑情绪获得缓解，服务对象在校表现从被老师放弃到被老师表扬，服务对象奶奶打骂服务对象次数减少。）

（二）介入策略

1. “天天陪伴”服务。服务对象习惯的养成需要一个长期的持续的过程影响。要求服务对象每周一至周五下午放学后至下午五点半在机构学习，通过社会工作者对服务对象的持续影响和课业辅导，给予服务对象学业辅导、学习习惯培养的服务。

2. 心理调适。通过对服务对象母亲的心理调适与支持，缓解其焦虑情绪，增强母亲协助服务对象改善当前状况的动机。

3. 挖掘服务对象潜能。着力于服务对象的兴趣和优势。社会工作者创造情境帮助服务对象获得成功体验，以增强其专注力及克服挫折的意识。

4. 同伴互助。社会工作者链接相关资源开展小组工作，在培养服务对象抗逆力的同时，提升其余同伴互助交往的技能，使其获得来自同辈的支持。

（三）服务模式

心理社会治疗模式、家庭治疗模式、行为治疗模式（详略）。

（四）服务过程

接案—收集资料—制订计划—介入—结案与评估—跟进服务。

四、服务计划实施过程

在正文中应重点描述服务如何开展，详细的工作记录、对话等文本可作为附件。在这一阶段，社会工作者要详细记录社会工作者与服务对象的互动过程。需要具体地记录社会工作者是怎么运用服务技巧的、服务对象的反应是什么、社会工作者做了哪些工作、服务对象的回应是什么，介绍介入的事项、介入的内容等（见拓展阅读 7-5）。

拓展阅读 7-5　　服务计划实施过程示例

（“吹散心中的阴霾”老年社会工作服务[①]）

第一阶段：建立和谐良好的专业关系，获得服务对象的信任。

在与服务对象的第一次面谈中，社会工作者运用了关注、倾听等摄入性会谈技巧来收集服务对象的详细资料，以便对其问题进行准确评估。谈话期间，社会工作者还

① 江苏省民政厅．江苏省社会工作优秀案例与项目汇编．2016：62-63.

表现出对于服务对象的积极关注与认同鼓励，表达了自己对于服务对象的尊重、热情与真诚，与服务对象建立起良好的关系。

第二阶段：让服务对象了解合理情绪疗法，根据合理情绪理论进行认知分析；进一步明确服务对象的不合理信念。

服务对象的抑郁情绪长期郁结在心里，可能诱发其他心理疾病或躯体不适。根据合理情绪疗法的基本理论，要想缓解服务对象的抑郁情绪，首先需要寻找带来这种抑郁情绪的不合理信念。

（谈话内容略）

在此阶段，社会工作者运用无条件积极关注、倾听、共情等技巧，促使服务对象主动、深入地探寻问题。并把问题罗列下来，两人共同讨论。

第三阶段：帮助服务对象与自身非理性进行辩论。

合理情绪疗法不鼓励情绪宣泄，认为这反而会强化服务对象的问题，在明确服务对象的不合理信念后，社会工作者借助“产婆术式”辩论法与这些不合理信念进行辩论。

（部分对话略）

第四阶段：进一步强化巩固服务对象建立的新观念，建立新的反应模式。

在这一阶段，一方面，服务对象通过练习非理性情绪的检查与修正技巧，巩固理性反应方式，内化理性信念；另一方面，社会工作者与服务对象儿女进行交流沟通，让其了解到母亲在亲人精神支持方面的渴求，并约定提高日常与母亲联系的频率，借此强化服务对象刚刚建立的合理信念。

第五阶段：链接相关资源，提升服务对象参与活动积极性，构建个人社会支持网络。

社会工作者通过链接相关资源，借助正在进行的“关爱网，互助圈”项目内容，帮助服务对象拓展社交的范围，改善原有的茫然、郁闷又空虚的生活状态；推动服务对象主动与他人交往，逐步构建自身的社会支持网络。

五、总结评估

社会工作者需要评估在个案中的方法、策略、技巧是否合适，在过程中是否有遗漏的地方和处理不合适的地方，哪些是比较有成效的地方。在效果方面，需要评估服务对象问题的解决程度、目标的达成情况，如服务对象社会功能改变程度，服务对象情绪、思维、观念、行为的改善程度（见拓展阅读 7－6）。

拓展阅读 7-6 **总结评估示例**

(让幸福来敲门——流浪少年回家之路[①])

(一) 目标的评估

通过与服务对象的几次面谈和家访，社会工作者为其提供了情感宣泄机会，通过了解、接纳、积极倾听、同理、鼓励和积极帮助等支持性技巧的运用，逐步建立了与服务对象相互信任的关系，使目标能够顺利完成。通过家长、老师的反馈，从服务对象接受服务前后的变化情况来看，服务对象满意度很高，达到了预期的效果。

(二) 过程评估

刚开始介入比较困难，在通过社会工作者多次沟通以后，服务对象开始敞开心扉，慢慢阐述自己的境况。在服务的过程中，社会工作者始终以社会工作的价值观为指导，遵循社会工作的职业道德，利用危机治疗模式和结构家庭治疗模式积极地开展个案工作。在社会工作者、服务对象、家庭、社会的多方共同努力下，终于使得个案顺利完成。

(三) 结果评估

通过与服务对象的会谈、家访和长期跟进服务，终于看到了服务对象的进步。他的情况有了很大改变，对于自己面对的问题能够积极地面对，并且一些偏差行为也得以纠正，他成了一个品学兼优的好学生。由此可见，个案的效果很好。

六、专业反思

在这一阶段，社会工作者需要对整个个案案例进行总结和反思，总结经验与不足，总结该个案带来的启发——有哪些创新的地方，有哪些经验值得宣传推广，在社会层面的意义是什么（见拓展阅读 7-7）。

拓展阅读 7-7 **专业反思示例**

(留守儿童厌学情绪改善个案[②])

(一) 社会工作者要把握在服务中的角色

社会工作者应注意，学习困难儿童的直观表现为学业较差，但其学业较差的表现有更深层次的问题和原因。社会工作者应把握自己的角色，注重解决服务对象的深层

① 江苏省民政厅. 江苏省社会工作优秀案例与项目汇编. 2016：105-106.

② 江苏省民政厅. 江苏省社会工作优秀案例与项目汇编. 2016：58.

问题，注重整合服务对象资源，而非充当简单的类似家教的角色。

（二）克服急躁情绪和低效压力

一月两次的服务很难对服务对象起到明显影响。在此次个案的前期和中期，社会工作者的投入是巨大的，需要每天持续性地引导。服务对象能够在半年内获得较大进步，说明社会工作者起到了巨大的作用。对于难度较大的个案，需要社会工作者克服急躁情绪和低效压力。

（三）心理辅导的作用

在前期设计中，社会工作者考虑是否要对所有困难家庭儿童的服务增添心理辅导，以改善其情绪问题。但在实际服务中发现，一些低保或残疾家庭的孩子，并不明显存在自卑等情绪问题，社会工作者实际接触的一些服务对象更多的服务需求在于认知意识层面的正面引导以及学习和行为习惯方面的调整，社会工作者可以使用一些相关的心理行为辅导技巧。

第三节　社会服务优秀项目①

一、背景介绍

背景介绍主要介绍项目实施的必要性与意义（见拓展阅读 7－8）。首先介绍项目针对的共性问题，分析其产生的背景和原因，以及问题存在的广泛性和需求的迫切性；其次介绍现行政策对此的努力和进展、社会组织（或本项目）可以介入的途径或方式；最后介绍项目区的问题现状，详细描述这些问题以及受到影响的目标群体，可以说明以往项目的经验教训，以及该项目将会做哪些不同的活动。当然，并不是所有项目的背景介绍都需如此详细，不同的项目可根据自身的特色有选择、有重点地介绍。

拓展阅读 7－8　背景介绍示例

（幸福彩虹：单亲家庭帮扶计划②）

随着我国经济的飞速发展，由社会转型引发和导致的家庭离婚率不断攀升，生活中遇到的各种意外事故，使得单亲家庭的数量急剧增加，因为离婚、丧偶等原因形成

① 社会服务优秀项目范例见附录 4。

② 江苏省民政厅．江苏省社会工作优秀案例与项目汇编．2016：196.

的单亲家庭普遍出现经济基础薄弱，亲子沟通不畅，孩子学习困难、自卑和学习态度不端正、人际关系适应不良、社会支持系统薄弱等问题，所以，单亲家庭成为亟须关注和帮扶的特殊群体。单亲家庭子女的教育和心理问题是单亲家庭子女成长中最突出的问题。

现行政策中并没有针对单亲家庭的政策设计，只有符合社会救助条件，才可以申请社会救助，针对单亲家庭的社会服务的政策还没有建立。《社会救助暂行办法》提出县级以上地方人民政府应当发挥社会工作服务机构和社会工作者的作用，为社会救助对象提供社会融入、能力提升、心理疏导等专业服务。

前期通过调查、筛选，××区单亲家庭帮扶计划的 26 户家庭，主要是父母离异或是父母一方服刑的单亲家庭，其中跟随家长生活和学习的孩子共有 9 人。在这部分单亲家庭中普遍存在家庭经济状况不好，家长对子女的教育力不从心，一方面希望孩子能够出人头地，另一方面能力有限，教育缺失。家长在经济和子女教育的双重压力下，自身的心理状况也出现许多问题。本项目将这 26 户单亲家庭作为直接的受益群体。

二、项目目标

项目目标可以分为总目标和具体目标（见拓展阅读 7－9），也可以分为短期目标、中期目标和长期目标。项目的总目标应该描述该项目将要取得什么成果；一个好的总目标应该简洁明了，并符合原则。具体目标是对总目标的补充，可以描述得详细一点，并且应具有可测量性、可操作性以及现实性。项目目标主要描述项目结束时目标群体的态度、行为、条件或状况的变化（不可重复描述项目活动）。

拓展阅读 7－9 **项目目标示例**

（橡皮擦：老人 EPS 模式早期干预服务项目[①]）

项目总目标：

采用 EPS 社工专业模式，从充权、参与、强项三个层面进行早期专业干预。即帮助服务对象实现充权；通过参与，让服务对象发挥强项及实现充权；相信服务对象有能力及有强项，从而预防、推迟、减少老年痴呆症的发生，保持和提高服务对象的晚年幸福指数。

具体目标：

1. 在服务对象生理方面，加强肌体锻炼，保持运动活力。帮助其建立肌体健康

① 江苏省民政厅. 江苏省社会工作优秀案例与项目汇编. 2016：181.

训练计划周期表。

2. 在服务对象的认知方面，维持大脑活力，保护记忆思维。帮助服务对象每周挑战一次新的脑力活动，学会24节手指操，完成手工作品。

3. 在服务对象的行为方面，改善生活习惯，修正不良行为。帮助其制定“日常生活清单”、学习掌握情绪调适技巧。

4. 在服务对象的环境互动方面，建立家庭沟通“日日谈”，帮助其构建至少五人的朋友圈。

5. 在服务对象社会参与方面，构建早期干预社区支持服务网络，为服务对象设计不同类型的活动方案，链接政府资源并开发社会组织资源，共同参与服务。

三、项目方案

（一）表格列举式

此部分是对项目方案大体上的概括，不需要详细地去写。主要交代在不同阶段的时间划分、主要目标、工作内容等，可用表格来列举。项目方案使用表格列举式比较直观、清楚（见拓展阅读7－10）。

拓展阅读7－10　　项目方案表格列举式示例

（社区共融：少数民族服务①）

时间	内容	目的	参与对象
第一阶段	1. 社区了解，完成全年的实施计划； 2. 完成服务对象探访工作。	确定服务方向及初步建立关系。	少数民族联络组组长。
第二阶段	1.“老小孩”活动团建立； 2.“小生活、大智慧”活动启动； 3.《家在社区》社区通讯宣传及制作； 4. 圣诞节爱心活动； 5. 社区少数民族迎新歌会； 6.“我的故乡”情怀活动； 7. 志愿者活动。	1. 熟悉少数民族中老年群体，提供社区参与的平台； 2. 增加服务对象与社区的互动，关注社区； 3. 居民参与，体现社区责任感和归属感。	1. 社区团体； 2. 少数民族联络组组长及积极分子； 3. 全体社区居民； 4. 学生志愿者。
第三阶段	1. 我的父亲母亲； 2.“美丽社区美丽家”征文影展活动； 3. 暑期夏令营之“骄阳似我”团队活动； 4. 志愿者活动； 5. 社区工作总结，递交社区社会工作经验报告。	1. 提升社区认同； 2. 促进社区融合； 3. 对一年的工作进行总结、评估，整理资料等，形成经验。	全体社区居民。

① 王瑞鸿．社会工作项目精选［M］．上海：华东理工大学出版社，2010：41．

（二）总分描述式

项目方案也可采用总分描述的方式来呈现。首先介绍项目方案的思路，接着介绍具体的方案内容（见拓展阅读7-11）。

拓展阅读7-11 **项目方案总分描述式示例**

（失独家庭的社会工作介入项目①）

一、方案思路

1. 广泛宣传，引起关注。失独家庭的问题是一个牵涉到方方面面的社会问题，需要社会多方的支持与努力。所以，项目首先要以各种形式进行宣传，引起关注，这样才能形成合力，使得项目能够持久地做下去，最终取得经验，形成模式并推广。

2. 循序渐进，稳妥发展。失独家庭已经承受了常人难以承受的痛苦，他们的心灵创伤很深，社会工作者介入需要十分谨慎，不能急于求成。先要在社区人员的带领下，逐家入户走访，建立信任关系；然后逐步开展各类小组活动，帮助他们建立同类社会支持系统。

3. 适时总结，不断提高。失独家庭的社会工作介入是一个较新的工作领域。在工作中会碰到很多新情况、新问题，所以要不断总结提高，推进项目顺利发展。

二、具体方案（详细内容略）

1. “关爱失独家庭”社区宣传活动。
2. “与你同行”小组活动。
3. 危机个案辅导。
4. 秋日远足。
5. 规划养老，根除焦虑。
6. 恭贺新年。
7. 快乐腊八节。
8. “失独不孤独，社会是一家”座谈会。

四、项目实施过程

项目的实施过程是按照方案逐步开展的。为实现每个阶段的目标所采取的主要活动计划，包括活动参与的人员、数量、互动过程中等。除此以外，还要描述项目相关

---

① 江苏省民政厅．江苏省社会工作优秀案例与项目汇编．2016：217-219.

群体如何参与到该项目活动的设计、实施、监测以及管理情况中等。而较为详细的工作记录、服务案例等文本可作为附件。实施过程可以采用以下几种方式来描述。

（一）项目阶段式

（1）宣传推广期（×年×月—×年×月）：说明如何确定服务对象、招募志愿者，如何建立信息档案，如何建立工作关系，如何进行宣传活动等。

（2）扩展实施期（×年×月—×年×月）：按照时间的顺序或者目标对一系列活动计划的开展情况进行逐一说明。

（3）分享总结期（×年×月—×年×月）：说明如何对项目实施结果进行评估，如何总结服务成效和过程等（见拓展阅读 7－12）。

拓展阅读 7－12　　项目阶段式示例

（幸福彩虹：单亲家庭帮扶计划①）

（一）前期准备阶段（2014 年 1—4 月）

1. 设计、实施、分析统计调查问卷

针对 26 户单亲家庭群体，设计调查问卷。通过问卷调查，对此地区单亲家庭情况进行摸排，找到单亲家庭问题的共性，锁定帮扶家庭并做前期的准备工作（问卷内容详见附件）。

2. 帮扶家庭走访及建档

走访 26 户帮扶家庭，了解 26 户单亲家庭的情况和成因。选派充满爱心、有一定心理学基础、有较强的自我控制与忍耐能力、有较强的领导能力和具有人格魅力的专业心理咨询师、婚姻家庭咨询师、青少年心灵导师、社会工作者等与单亲家庭建立专业关系，开展一对一家庭辅导，建立档案。

（二）中期实施阶段（2014 年 5—10 月）

1. 亲子课堂：感恩父母，真情永恒

时间：5 月 11 日（周日，母亲节）

活动地点：××街道××社区活动室

形式：讲座＋活动＋分享

活动对象：全体帮扶家庭（26 户）以及社区其他家庭

活动目的：通过在母亲节开展活动，旨在进一步弘扬中华民族的传统美德，鼓励子女们表达对父母的深爱之情、回报父母养育之恩；借助这次活动，进一步教育孩子学会感恩，感恩父母、社会、他人……

① 江苏省民政厅. 江苏省社会工作优秀案例与项目汇编. 2016：197-202.

小结：本次活动形式是讲座+活动+分享，对象是全体帮扶家庭（26户）以及社区其他家庭。考虑到本次活动是第一次互动活动，单亲家庭成员的心理防御机制比较强，因此组织社区其他家庭一起来参与本次活动。单亲家庭中来参与本次活动的仅有11户。本次活动初步建立了支持小组，与小组成员初步建立了信任关系。经过本次活动，大部分家庭的家长与孩子对感恩有了一定程度的了解，这为后续活动的开展打开了良好的开端。

2. 体验活动主题：关爱健康（活动描述格式如上）

3. “六一”主题活动：环保让家园更美丽（活动描述格式如上）

4. 亲子课程：快乐暑假，安全先行（活动描述格式如上）

…………

（三）总结评估阶段（2014年11—12月）

1. 设计问卷进行满意度调查

通过发放与回收满意度调查表，和前测满意度问卷的数据进行对比，分析得出一年来项目解决的问题和取得的社会效益。

2. 分析总结

分析帮扶计划的成果与不足，确认帮扶家庭对此项目的接纳度，进一步完善应对预案，同时对于项目的可持续发展进一步完善。

（二）服务类型式

（1）个案工作：说明社会工作者提供服务的频率以及时间安排；服务对象取得了怎样的改变或有怎样的收获，可以列举一两个经典的案例。或者按照个案开展的步骤来阐述。

（2）小组工作：说明在什么时间开展了哪些小组活动，达成了什么样的目标，服务对象的表现如何等（可以用表格来列举）。

（3）社区工作：说明如何与社区建立关系，寻求了什么样的资源，为服务对象提供了哪些服务，服务对象与社区的融入状况如何等（见拓展阅读7-13）。

拓展阅读7-13　服务类型式示例

（橡皮擦：老人EPS模式早期干预服务项目[①]）

（一）个案工作

社会工作者使用个案工作方法中的心理社会治疗模式和行为治疗模式，协调多种专业人士，提供个案服务。本项目运行以来，共建立个案45个，结案45个。

① 江苏省民政厅．江苏省社会工作优秀案例与项目汇编．2016：183-185.

1. 接案：社会工作者在专业医生指导下对老人进行简易精神状态评价量表（MMSE）和痴呆简易筛查量表（BSSD）的测试，根据个人测试结果和老人自我意愿，确定服务对象45人，进行初次面谈，收集相关资料，在签订初步的服务协议后按照专业社工要求建立个案工作档案。

2. 预估：上门走访服务对象亲属、邻居，进行进一步资料收集，包括基本资料，主观经验，生理、情感和智力方面的功能发挥等。进行资料分析，发现服务对象的优势和需要解决的问题，并撰写提交预估报告。

3. 计划：社会工作者与服务对象共同制订服务计划书，根据个别化的原则，明确目的和目标，如有些服务对象注重不良嗜好的行为改变、有的则较为关注情绪控制方面的问题。随后签订正式的服务协议，确定不同的服务策略。

4. 介入：通过服务活动来达到解决问题的目的，并定期回访。如开设"老友记"茶室、开展"变形初体验"活动、开展个案心理咨询（详细计划略）等。

5. 评估：运用基线测量方法与技巧，评估介入前后服务对象的变化，检测服务目标是否完成。

6. 结案：强化服务对象已有的改变，同时与服务对象分享目标的完成情况、介入效果。

（典型个案的列举略）

（二）小组工作

项目运行以来，项目团队根据服务对象的不同特点，共开展小组工作3个，小组活动36次，服务人数645人次。在社会工作者的引导下，小组成员间的经验分享、情绪支持和同伴互助，促进了"橡皮擦"老人的功能恢复和能力发展，基本达到了小组工作目标。

1. 小组成员的招募与遴选。针对服务需求建立成长小组、支持小组、现实辨识小组3个工作小组。通过对45名服务对象基本资料的收集，根据服务对象相似的需求、共同的兴趣、服务对象参加小组的要求进行遴选和评估，确定参加各小组的成员。

2. 活动场地及设施的选择与安排。服务对象都是××社区的居民。小组活动选择在让他们感到安全、舒适的××社区内进行。活动的座位安排为环形，以提高组员的互动频率。在活动场地贴好标志，使服务对象明确活动主题。

3. 小组活动的组织与开展。

成长小组开展了"老有所好，幸福编织""纸上剪花""心灵手巧，快乐健脑"等活动，组员相互协作，手脑共健，学习技能，愉悦身心。

支持小组一是开展了"倾情友聚，雕刻时光"活动，运用缅怀往事疗法和怀旧技巧，组织服务对象收集老照片、老物件进行展示，锻炼记忆力；二是开展了"相聚一刻，老友茶聊”活动，通过交流人生经历，学习同伴的生活经验，共同成长。

现实辨识小组一是开展了“最爱枫林晚”“春暖花开，人间四月”活动，让服务对象亲近自然，既锻炼身体，又增加了组员之间的互动；二是开展了“金色晚秋，舞动夕阳”“活出青春，快乐健身”等有氧俱乐部活动，由服务对象自行领操，共同健身，同时鼓励组员坚持体育锻炼的习惯，增加脑部供血供氧，抵御老年痴呆症的发生。

…………

（三）社区工作

项目运行以来，项目团队共开展社区工作 2 个，社区活动次数 4 次，受益人群 180 人次。

在准备阶段，对社区志愿者进行培训，制订一套系统的服务社区计划。挖掘社区志愿力量，共同参与服务工作。在项目启动阶段，社会工作者与服务对象、志愿者一起讨论，制订社区活动方案，确定服务活动的内容与方式，如慈善募捐活动；社会工作者还鼓励服务对象积极参与社区治理，培养他们社区参与的能力。……

（三）总分类型式

（1）信息库建设：说明通过哪些工作方式（问卷调查、访谈、资料分析等）得到了服务对象哪些信息，并依靠这些信息评估了服务对象的需求，为进一步完善服务项目的设计和实施提供了依据。

（2）子项目实施：主要包括子项目的名称、计划概述、具体活动安排。活动的具体过程不用详写，只需交代名称、服务对象、所达到的目标等（见拓展阅读 7－14）。

拓展阅读 7－14

总分类型式示例

（家庭服务：特定女性的专业服务[①]）

（一）信息库建设

1. 工作方式：问卷调查、访谈、分析，并形成三份研究报告。

2. 服务对象：××镇外来媳妇家庭 2 000 户，××社区单亲妈妈家庭 160 户，××镇“维稳妈妈”家庭 96 户。

3. 工作内容：

（1）问卷调查。通过问卷调查了解外来媳妇、单亲妈妈和“维稳妈妈”的个人及

① 王瑞鸿. 社会工作项目精选［M］. 上海：华东理工大学出版社，2010：101.

其家庭的实际情况，建立基本信息库。

(2) 访谈。通过访谈了解外来媳妇、单亲妈妈和“维稳妈妈”家庭的实际困难与个性化需求，在沟通中舒缓其情绪，建立彼此信任的关系。

(3) 调查报告。对通过问卷和访谈收集的信息加以整理和分析，形成调查报告，评估服务对象的需求，为进一步完善服务项目的设计和实施提供依据。

(二) 子项目实施

1. 子项目一：“同心缘”——外来媳妇沙龙

工作概述（略）

具体实施方案（略）

2. 子项目二：“慧兰心”——单亲妈妈俱乐部

工作概述（略）

具体实施方案（略）

3. 子项目三：“和谐家庭”——“维稳妈妈”社工服务项目

工作概述（略）

具体实施方案（略）

(四) 社会工作服务三阶段式

项目实施过程也可以按照社会工作服务的三个阶段来描述：建立关系阶段、服务开展阶段、评估反馈阶段（见拓展阅读 7-15）。

拓展阅读 7-15　**社会工作服务三阶段式示例**
(圆梦家苑：女性群体服务①)

(一) 建立关系阶段

社会工作者在开展服务之前，都需要与服务对象建立专业关系。在建立关系阶段，社会工作者主要运用倾听、同理心、鼓励、澄清、聚焦等微观实务技巧，了解服务对象需求，解决服务对象心理困扰，并帮助服务对象看到自身潜能，克服自身困境，走出问题的困扰。

(二) 服务开展阶段

项目的主要服务功能有家庭教育、职业培训、团队建设等。由于是多个子项目同时开展，在执行的过程中，会遇到互相结合和穿插的部分。

例如，在外来媳妇沙龙中，有职业培训、家庭教育服务等。

---

① 王瑞鸿. 社会工作项目精选 [M]. 上海：华东理工大学出版社，2010：113.

（三）评估反馈阶段

主要就两个方面进行评估，一是过程评估，二是结果评估。在每次活动结束时，会从服务对象那里得到直接的反馈意见，这是社会工作者在进行评估时最主要的一个依据。每个年度还会对服务满意度展开调查，评估各个项目在实施过程中的执行情况，并对下一年的服务工作提出参考性的建议。

五、项目成效与经验总结

总结评估是社会工作实践的重要组成部分。项目通过对服务情况进行自我评估和总结，可以及时跟进服务和提高服务的质量。

（一）过程评估

过程评估是为了评估在项目实施过程中，服务开展的各种步骤和程序怎样促成了最终的介入结果。过程评估需提供有关项目实施过程的各种信息，包括目标、过程、所采取的行动以及影响（见拓展阅读 7－16）。

（1）在项目实施的初期和中期，对服务对象的表现如何变化，活动的合适性如何，社会工作者如何开展工作、运用了哪些技巧等进行描述（可以结合每次活动的总结表）。

（2）在项目实施的结束阶段，对服务目标是否完成、哪些因素促成了目标的完成或者服务对象的改变等进行描述，也可以分析整个项目实施的过程中有影响力的事件，探索其作用。

（3）综合以上的信息，分析项目实施过程的不足或优秀的地方，以及今后努力的方向。

拓展阅读 7－16　过程评估示例

（“双失”老人的社会工作介入服务项目[①]）

本项目以 ZTS 社会福利院医疗服务中心的失智失能老人即“双失”老人为服务对象。为了让每位老人都能够得到个性化和专业化的社会工作介入服务，项目团队成员将服务对象划分为轻微和重度“双失”老人两个部分，从而使活动设计和实施过程更加具有针对性和可操作性。

纵观整个服务项目实施过程，首先，服务项目的参与度基本保持在 70％～80％，参与度较高，尤其是轻微“双失”老人，他们在康复娱疗活动中表现出较高的参与热

① 江苏省民政厅．江苏省社会工作优秀案例与项目汇编．2016：178.

情，在很大程度上展现了“双失”老人的潜能。在与其他组员互动的过程中，各位老人经历了积极的改变过程，从不愿与人沟通到主动与人交流。

而在针对重度“双失”老人开展的社会工作介入服务中，老人的家属对活动也给予了高度的支持与配合，无论是在参与热情还是在参与深度上，都达到了较为理想的程度。许多家属通过活动加强了与老人之间的亲情互动，逐步走出了对“双失”老人的认识误区，并在此基础上建立了坚实的情感支持系统。

当然，在项目实施过程中也存在一些不足之处，比如活动场地经常更换，造成部分老人出现不适应或排斥现象。

（二）效果评估

效果评估即在项目实施的最后阶段，对项目实施方案的目标、结果以及影响进行评估（见拓展阅读 7－17）。

（1）任务完成情况（目标达成情况）：从活动的内容、参与情况、服务人数以及所达到的目标等方面与项目方案的计划相比较。

（2）项目服务对象与项目相关方的态度（满意度评估）：可以根据测量的数据进行描述。

（3）项目实施主体的表现：评估社会工作者在提供服务过程中的表现如何、运用了哪些技巧，服务对象对其态度的转变，等等。

拓展阅读 7－17　**效果评估示例**

（律动生命、乐享晚年：为老服务项目[①]）

（一）目标实现程度：参与观察法

对比项目策划时订立的具体目标，服务目标达成情况如下：

（1）社会工作者通过在活动过程中的参与观察，发现参与活动的服务对象的行为表现呈正向发展，出现从一开始的被动到主动积极参与的转变。

（2）经常参与活动的服务对象，从一开始见面时互相不理睬到彼此见面打招呼，再到活动中期的沟通交流、互相帮助等行为增加，直至后期形成友爱、互助、亲密的关系，活动的开展对服务对象的情绪有较为明显的改善。

（3）在家属与志愿者协同参与的过程中，拓展服务对象的人际交往圈，促进社会参与和融合，为服务对象建立了良好的情感支持网络。

---

① 江苏省民政厅．江苏省社会工作优秀案例与项目汇编．2016：116-117.

（二）满意度评估：问卷调查与个别访谈

社会工作者在设计问卷时，围绕参与活动后的“身心机能状态”“情绪行为”“社会参与”“满意度”四个方面进行评估。针对服务对象的问卷统计显示，有98%的服务对象表示愿意长期参与MTC活动，95%的服务对象对活动的开展具有较高的满意度，对社会工作者在服务过程中的表现与作用也给予了较高的评价。（访谈内容略）

（三）社会工作者团队与机构层面

社会工作者在推进该项目运作和管理的过程中，能够注意到自身角色的定位，以统筹者、协调者和支持者而不是主导者的角色参与其中。但服务对象需求的复杂性与多样性、多专业融合的背景和趋势，对社会工作者提出了更高的要求，团队在该项目服务中的专业引领、社会辐射方面仍有待进一步提高。

（三）分类总结

在总结阶段，可以对项目涉及的群体和部门进行分类总结，来考察社会服务项目对这些群体和部门产生的影响。在对群体和部门进行分类时，需要有一定的标准（见拓展阅读7-18）。

（1）服务对象：直接的服务对象和间接的服务对象有哪些改变？有什么样的收获？对服务有哪些评价？

（2）社会工作者：社会工作者在服务过程中的表现如何？运用了哪些技巧？在项目实施的过程中自身有哪些收获？

（3）机构：机构在这个项目中获得了怎样的声望？为社会工作机构提高认知度做出了怎样的贡献？

（4）政府：政府对社会工作服务的满意度如何？有没有促使政府完善相关的政策？如何促使政府推动社会工作事业发展？

（5）社会：对社会造成了怎样的积极影响？社会对社会工作者的认知度和认可度是否提升？社会对项目的服务对象的关注度是否提高？

拓展阅读7-18　分类总结示例

（橡皮擦：老人EPS模式早期干预服务项目①）

（一）对服务对象及其家庭的影响

通过项目的实施，“橡皮擦”老人有效地防范了老年痴呆症的发生。在生理健康上，服务对象大脑得到激活，记忆力得到保持，肌体活力焕发；在认知行为上，服务

① 江苏省民政厅．江苏省社会工作优秀案例与项目汇编．2016：185-186.

对象能对周围环境进行现实辨识，能制作简单的手工作品；在人际交往和社会参与上，服务对象自助组建兴趣小组，拥有固定的朋友圈，并积极参与到社区活动中。此外，“橡皮擦”老人得到了家庭支持。项目改变了家庭对服务对象当下的错误认知，缓解了家庭成员承受的心理压力，提高了家庭成员对服务对象的照顾能力和赡养意识，从而改善了家庭关系，促进了家庭和谐。

（二）对社会工作者及其机构的影响

通过项目的实施，形成了一支由多方力量组成的经验丰富、各有专长的项目团队。特别是年轻的社会工作者得到了实践锻炼，深化了对社会工作价值理念的认识，熟练了对社会工作技巧的运用，提升了社会工作实务能力。

同时，社会组织机构也得到了实践锻炼，强化了项目管理，制定了项目资金公开透明制度，规范了项目运作，加强了项目监督。

（三）对所在社区及社会的影响

项目的实施改变了社区居民对“橡皮擦”老人的偏见，在社区树立了人人关爱“橡皮擦”老人的理念，建立了对“橡皮擦”老人的社区支持网络，有利于服务对象融入社区，增强了社区凝聚力。

该项目还吸引了众多媒体的目光，扩大了项目影响，获得了社会声誉。记者对该项目做过专访；除此以外，通过微信等新媒体，该项目对“橡皮擦”老人的爱心传递，得到了社会各界的关注和支持。

（四）成功与不足式总结

在总结中，也可以根据所要达成的目标进行描述，即社会服务项目的目标完成得如何，在过程中有哪些成功或不足之处。以上内容可根据项目自身的特点进行选择，也可以将资金的使用情况添加进去（见拓展阅读 7－19）。

拓展阅读 7－19　　**成功或不足式总结示例**

（金色夕阳：为老项目①）

金色夕阳项目是政社合作、推动社区工作有效开展的一种探索和尝试，在金杨新村街道的重视和乐耆项目督导的引领下，坚持专业化、职业化的道路，同时也积累了一定的方法和经验。

一、项目实施的成功之处

1. 以需求为导向，奠定扎实的服务基础；

① 王瑞鸿. 社会工作项目精选［M］. 上海：华东理工大学出版社，2010：79.

2. 重视以人为本，开展有针对性的服务；

3. 注重关系建立，上下联动多方协调；

4. 运用试点探索，形成推广覆盖模式；

5. 人力资源丰富，体现专业工作方法。

二、项目实施的不足之处以及今后努力方向

1. 与政府的联系有待进一步加强；

2. 与基层社会组织的关系还需不断巩固和提高；

3. 社会工作者的角色定位需要不断调整；

4. 老人服务的形式和内容需要不断更新；

5. 服务辐射面需要进一步拓宽。

六、问题与反思

在这一部分，社会工作者需要对整个项目的实施过程以及结果进行总结和反思，总结经验与不足。例如：在项目中受到了哪些启发？项目的创新性体现在哪些方面？有哪些经验可以推广、借鉴？在社会、政府层面的意义是什么（见拓展阅读 7－20）？

拓展阅读 7－20　　启发性专业反思示例

（PK 区社会组织发展的支持性服务项目①）

在工作开展过程中，中心仍存在一些不足以及需要进一步完善的地方。

第一，如何建立一个强大的、可持续的、以支持区内社会组织为目的的生态系统。中心整合了社会资源提供给社会组织，然而这些组织自身不能很好地链接企业资源，不能长期与它们保持相互联系、支持。

第二，如何开发本土化或针对某一细分领域的服务模式。中心对社会组织尤其是社区类社会组织发展的指导要提高针对性，特别要探索农村社区建设和社会组织的发展。

第三，如何实现档案管理的规范化、整齐化。在结项评估时需要各种材料，有些材料不齐全，故档案管理需要进一步加强。

第四，如何为社会组织提供商业盈利和社会价值创造间的平衡。区内大多数社会组织的自我造血能力弱，资金来源比较单一，在提供公益服务的时候，自身发展问题都难以解决，遑论为大众创造更多价值。因此关于社会组织的商业盈利和社会价值创

① 江苏省民政厅．江苏省社会工作优秀案例与项目汇编．2016：163.

造的平衡还需要进一步思考。

第五，如何掌握标准化和个性化服务间的平衡。区内组织发展层次不平衡，发展阶段不同，所需支持不同，而中心提供的服务却处于标准化状态。如何针对不同组织提供个性化的服务，是中心的关注点。

复习思考题

1. 优秀案例和项目征集的意义有哪些？
2. 优秀案例的服务实施过程包括哪些内容？
3. 优秀项目方案有哪几种描述方式？

推荐阅读书目

1. 江苏省民政厅. 江苏省社会工作优秀案例与项目汇编. 2016.

2. 江苏省民政厅. 江苏省社会工作优秀案例与项目汇编. 2014.

3. 江苏省民政厅. 江苏省社会工作优秀案例与项目汇编. 2015.

4. 陆士桢，李江英，洪江荣. 中国青少年社会工作实务案例精选 [M]. 上海：华东理工大学出版社，2010.

5. 马伊里，吴锋. 社会工作案例精选 [M]. 上海：华东理工大学出版社，2007.

6. 王瑞鸿. 社会工作项目精选 [M]. 上海：华东理工大学出版社，2010.

7. 张翠娥. 家庭社会工作 [M]. 北京：中国人民大学出版社，2016.

8. 徐月宾，姜海燕，李仁利. 社会工作实务：案例与标准 [M]. 北京：社会科学文献出版社，2015.

附录 1　项目申报书示例

社区公益服务项目申报书

标书编号：

项目名称：青春家园——困境青少年社工服务项目

申报单位：

填表日期：

××省民政厅

<table>
<tr><th colspan="6">一、项目基本信息</th></tr>
<tr><td>项目名称</td><td colspan="5">青春家园——困境青少年社工服务项目</td></tr>
<tr><td>项目类型</td><td colspan="5">☐ 为老年人服务项目　☐ 为青少年服务项目　☐ 助残服务项目
☐ 救助帮困服务项目　☑ 专业社会工作服务项目　☐ 其他社区公益服务项目</td></tr>
<tr><td>申请金额（万元）</td><td colspan="2">15</td><td>项目周期</td><td colspan="2">2016 年 6 月—2017 年 5 月</td></tr>
<tr><td colspan="3">是否曾获得省社区公益服务创投立项</td><td colspan="2">☑是</td><td>☐ 否</td></tr>
<tr><td rowspan="9">项目
申报
单位</td><td colspan="5">单位名称：</td></tr>
<tr><td colspan="5">通信地址：</td></tr>
<tr><td colspan="5">户名：</td></tr>
<tr><td colspan="5">开户账号：</td></tr>
<tr><td colspan="5">开户行：</td></tr>
<tr><td colspan="5">登记机关：</td></tr>
<tr><td colspan="5">登记时间：</td></tr>
<tr><td colspan="5">登记证号：</td></tr>
<tr><td colspan="2">社会组织评估等级</td><td colspan="3">☐ 5A　☐ 4A　☐ 3A　☐ 2A　☐ 1A</td></tr>
<tr><td>项目实施区域</td><td colspan="2">××市××区</td><td colspan="2">项目预计受益人数</td><td>50 人</td></tr>
<tr><td></td><td>姓名</td><td>在该社会组织职务</td><td>办公电话</td><td>手机</td><td>邮箱</td></tr>
<tr><td>项目负责人</td><td></td><td></td><td></td><td></td><td></td></tr>
<tr><td>项目联系人</td><td></td><td></td><td></td><td></td><td></td></tr>
<tr><th colspan="6">项目预算</th></tr>
<tr><td rowspan="7">资
金
来
源</td><td colspan="2">资金种类</td><td colspan="3">金额（万元）</td></tr>
<tr><td colspan="2">申报资金</td><td colspan="3">15</td></tr>
<tr><td rowspan="4">配套
资金</td><td>自有资金</td><td colspan="3">1</td></tr>
<tr><td>社会募集资金</td><td colspan="3"></td></tr>
<tr><td>地方财政资金（含福彩资金）</td><td colspan="3"></td></tr>
<tr><td>合计</td><td colspan="3">1</td></tr>
<tr><td colspan="2">总计</td><td colspan="3">16</td></tr>
<tr><td colspan="6">资金预算支出明细（请详细阅读附后的“项目预算编制说明”，严格按照说明编制预算）</td></tr>
<tr><td colspan="3">项　目</td><td colspan="3">金额（万元）</td></tr>
<tr><td colspan="6">申报资金支出明细</td></tr>
<tr><td colspan="3">社会服务支出（以受益对象为单位编制预算）</td><td colspan="3"></td></tr>
<tr><td colspan="3">（1）社区宣传</td><td colspan="3">0.4</td></tr>
</table>

(2) 个案服务 (50次)	4.0
(3) 小组活动 (16次)	4.8
(4) 志愿者招募与管理 (3次)	0.6
(5) 家庭慰问	0.5
(6) 社区联系、入户走访和档案管理	0.8
(7) 能力展示 (3次)	0.9
(8) 学业辅导	2.4
(9) 春/秋游 (2次)	0.6
配套资金支出合计	
(1) 外出培训	0.2
(2) 劳务费用	0.8
配套资金支出合计	1
项目概述 (项目内容、预期效果，200字以内)	
服务理念与方法：运用社会工作“助人自助”的理念和个案、小组及社区的工作方法。 服务对象与内容：帮助单亲、贫困家庭青少年和孤儿解决生活、学习、交往和心理问题，顺利完成社会化。 服务模式：“专业社工＋社区工作者＋义工”相结合的“三工模式”。 服务过程：从学业辅导入手，建立结对帮扶关系。发现有问题的对象，运用社工方法分类解决。 服务目标：实现困境青少年生活的改善，包括形成健全的人格、良好的生活习惯、良好的人际关系、勇于面对挫折的能力。	
项目特色 (创新性、示范性、可推广性，200字以内)	
项目提出公益目的是改变，而非简单“帮扶”。项目用增能理论解决困境青少年问题。强调社工的任务协助，而不是指导，重在帮助服务对象学习和应用知识、技能来改变自身的处境，从而实现增能。 项目采用“专业社工＋社区工作者＋义工”的模式。引进专业方法，整合社会资源，形成家庭、社区、社会组织多方参与，以成功教育、抗挫教育为内容，以青少年健康成长为目标。这种模式具有示范性，也具有推广性。	

二、申报单位详细信息			
单位基本情况 (200字以内)	(登记时间、地点、业务范围、主要资金来源、机构愿景与使命等。)		
单位负责人信息			
姓名	职务	电子邮箱	联系电话

本单位开展社区公益服务项目的经验（200 字以内）

（1）强调专业性。运用社会工作知识和技能为服务对象开展服务，强调助人自助，注重服务对象的环境的改变和能力的提升。

（2）以专职为主，志愿服务为辅。机构开展的服务包括家庭访问、个案服务和小组工作，都以专职社工为主体，同时积极引领大学生志愿服务，比如在家教、平时活动中大量使用志愿服务。

（3）注重对服务对象的赋权。强调服务对象能力的提升，通过服务改变服务对象的认知，提升其能力，实现赋权。

执行过的同类项目	项目名称	起止时间	项目资金来源	项目资金总额（万元）

三、项目详细信息

需求分析 （200 字以内）	困境青少年存在的主要问题：经济上贫困、自卑、存在交往障碍、学习困难等。 主要原因有：一是家庭教育方式不当；二是缺少社会交往；三是主观自我封闭；四是自我实现的机会低。当前对这些群体更多关注生活上的困难，在学习能力、心理健康、成功教育、抗挫力方面缺少关注。 主要介入方法：一是重建支持系统，搭建交流平台；二是鼓励参与，增加自我认同与社会认同；三是提升学习技能，提高自我认同。
受益群体描述 （100 字以内）	服务对象：××市××区单亲家庭青少年、低保家庭青少年、孤儿、经济困境家庭青少年。 服务人数：50 人。 服务对象特征：自卑、存在交往障碍、学习困难。 服务对象需求：能够认识以上问题，希望在这些问题上有所改善。
项目实施计划 （400 字以内）	主要内容： （1）从青少年发展阶段切入的个人培养计划； （2）从青少年潜能和能力切入的未来发展计划； （3）从社区方面切入的“我们是一家”计划； （4）从朋辈方面切入的“青春你我同行”计划； （5）从家庭方面切入的“温暖港湾”计划。 服务对象：××市××区单亲家庭青少年、低保家庭青少年、孤儿、经济困境家庭青少年。 具体实施方案如下：

时间	服务计划	具体服务	指标
第一阶段（6 月）	1. 社区宣传活动		2 次
	2. 建立与社区的联系	与居委会建立关系	5 个
	3. 社区走访与探访		50 户
	4. 建档		50 个
	5. “义路同行”系列活动	义工招募以及组织化	1 次

续前表

<table>
<tr><td rowspan="32">项目实施计划
（400 字以内）</td><td rowspan="6">第二阶段
（7—8 月）</td><td>1. 开展兴趣小组</td><td>兴趣小组</td><td>1 个</td></tr>
<tr><td>2.“我知我心”系列活动</td><td>自我探索小组</td><td>1 个</td></tr>
<tr><td>3.“青春你我同行”计划</td><td>人际交往小组</td><td>1 个</td></tr>
<tr><td>4. 暑期自护教育</td><td>自护教育小组</td><td>1 个</td></tr>
<tr><td>5.“欢乐假期”学业辅导</td><td>暑期加油站</td><td>8 周</td></tr>
<tr><td>6.“我行我秀”系列活动</td><td>能力展示小组</td><td>1 次</td></tr>
<tr><td rowspan="9">第三阶段
（9—12 月）</td><td>1. 手工坊</td><td></td><td>2 个</td></tr>
<tr><td>2. 家庭社会工作</td><td>个案辅导</td><td>30 次</td></tr>
<tr><td>3. 提升学习动机活动</td><td>“边学边玩”小组</td><td>2 个</td></tr>
<tr><td>4.“我能行”系列活动</td><td>自信心小组</td><td>1 个</td></tr>
<tr><td>5.“我的未来我做主”</td><td>生活规划小组</td><td>1 个</td></tr>
<tr><td>6.“亲亲我的宝贝”</td><td>朋辈父辈之乐家庭工作坊</td><td>2 次</td></tr>
<tr><td>7. 向日葵晚辅导</td><td>学习小组</td><td>60 次</td></tr>
<tr><td>8.“义路同行”系列活动</td><td>义工组织化</td><td>1 次</td></tr>
<tr><td>9.“我行我秀”系列活动</td><td>能力展示小组</td><td>1 次</td></tr>
<tr><td rowspan="3">第四阶段
（1—2 月）</td><td>1.“寒假乐多多”学业辅导</td><td>学习小组</td><td>2 周</td></tr>
<tr><td>2.“老少乐”</td><td>家庭工作坊</td><td>1 次</td></tr>
<tr><td>3. 家庭慰问</td><td></td><td>1 次</td></tr>
<tr><td rowspan="8">第五阶段
（3—5 月）</td><td>1.“行为偏差矫正”计划</td><td>自我行为管理小组</td><td>1 个</td></tr>
<tr><td>2. 春游</td><td></td><td>2 次</td></tr>
<tr><td>3. 家庭社会工作</td><td>个案辅导</td><td>20 次</td></tr>
<tr><td>4. 手工坊</td><td></td><td>2 次</td></tr>
<tr><td>5. 向日葵晚辅导</td><td>学习小组</td><td>40 次</td></tr>
<tr><td>6.“义路同行”系列活动</td><td>义工组织化</td><td>1 次</td></tr>
<tr><td>7.“我行我秀”系列活动</td><td>能力展示小组</td><td>1 次</td></tr>
<tr><td>8. 项目总结</td><td></td><td></td></tr>
<tr><td>风险预计
与防控方案
（200 字以内）</td><td colspan="4">1. 消极参与。应对措施：分析青少年不参与的可能原因，一是青少年自身原因，二是项目本身原因，三是活动出现人际问题。
2. 青少年的安全问题。应对措施：在最初要进行安全知识讲座，加强安全教育。
3. 活动过程中的冲突。应对措施：每次活动都要安排相应数量的社工人员参加，注意成员的情绪变化；当冲突发生时，及时阻止，及时了解情况、解决问题。
4. 项目服务人员的专注与协调合作问题。应对措施：增加业务培训和社会工作方法训练，提升工作人员的专业素养；建立完善的项目运作架构，增强整体合力。</td></tr>
</table>

续前表

<table>
<tr><th colspan="5">项目执行团队</th></tr>
<tr><td>姓名及职务</td><td>学历及专业</td><td>社会工作职业资格</td><td>在项目中的角色分工</td><td>联系电话</td></tr>
<tr><td></td><td></td><td></td><td></td><td></td></tr>
<tr><td></td><td></td><td></td><td></td><td></td></tr>
<tr><td></td><td></td><td></td><td></td><td></td></tr>
<tr><th colspan="5">四、申报单位意见</th></tr>
<tr><td colspan="5">我单位保证项目申报材料真实、合法、有效，已制订项目实施计划、方案，确保项目如期完成；确认申报书中所列配套资金数额真实有效，来源合法可靠，保证配套资金及时到位；将按法律、法规有关规定，接受项目监管、审计和评估，并承担相应责任。

法定代表人签字：　　　　（单位盖章）
年　　月　　日</td></tr>
</table>

项目预算编制说明（略）

附录 2　项目过程评估示例

“促进儿童与家庭发展”项目的过程评估

一、项目介绍

这是一个促进儿童与家庭发展的项目，目标是通过农村地区卫生厕所改建，提高公众和个人对安全和健康环境的支持，增强公众对影响儿童健康的潜在环境威胁的认知，支持家庭和社区改善相应环境以保证儿童健康成长，以及加大对环境卫生和供水方面的实施力度。

根据项目计划书的要求，在项目实施中期要开展一次过程评估，对项目执行的成绩进行总结和评估，从中发现经验和教训，并为下半周期项目实施，以及项目计划书的目标和策略的修改提出建议。此次中期评估包括：项目进展和问题分析；实现项目目标的机遇和困难；项目策略和目标合理性评估；项目对社会发展目标的贡献；今后项目目标的修改意见。

二、评估过程

本次过程评估由××评估机构具体负责，其成员都是来自外部的评估专家。评估过程由两个部分组成：材料评估和现场评估。

在材料评估中，评估专家阅读了所有相关的文字材料，包括年度报告和工作计划，以及各省、县的评估报告、通讯、海报和小册子等。在材料评估的基础上制定出中期评估框架、访谈提纲和项目的逻辑框架，以指导现场评估工作的开展。

在现场评估中，评估小组采用质性研究方法搜集和分析数据。评估小组访问了 A 省和 B 省，每省各选 1 个县及省会城市的 1 个镇进行实地调查，分别进行入户参观、与当地村民座谈、召开项目领导组和项目执行官员会议，并与他们进行讨论。评估小组参观访问了 4 个村庄、30 家农户、2 个学校，召开了 8 次会议和座谈讨论。在调查中，当地各级政府官员对评估给予了高度重视，并积极参与了整个评估过程。所有的会议和座谈都有详细记录。

三、总体发现

本项目已在项目点执行两年半，项目地区发生了重大的变化和新的发展。主要成绩归纳如下：

（1）项目地区卫生厕所平均覆盖率大大提高，基本接近项目的目标要求。

（2）能力建设进展。各级培训提高了项目执行官员和受益者的能力。在现场访谈中，项目执行官员汇报了他们的收获，可概括为如下几点：为保证项目面向社会和家庭，项目加强了对群众特别是妇女等参与者的培训，增强了参与项目管理的能力，提高了示范村的建设能力。汇报中提到，受益者已意识到卫生厕所对提高生活质量的重要性，认为洗手、不乱扔垃圾是有利于健康的好习惯，并树立了环境保护和生态农业的思想。

（3）多部门合作。除了项目的协调部门外，项目还吸引了其他部门的参与，如财政部门、妇联、环保部门、教育部门及其他社会团体。通过项目实施，动员了一切可以加入的力量，共同合作开展项目。

（4）扩展项目点。为扩大项目受益覆盖面，通过项目地区卫生厕所建设带动非项目地区卫生厕所建设的发展，项目省进行了项目扩展县建设。A 省共有 6 个地区有了项目扩展县，计划后两年再扩展 4 个。B 省共有 18 个扩展县。通过扩展县建设，带动了整个地区改厕工作的开展，极大地调动了各县参与改厕的积极性。

（5）受益者已由被动参与变成主动参与。通过提倡与社会动员，越来越多的受益者认识到环境卫生在预防疾病中的重要作用。他们参加项目的态度发生了很大变化。在项目执行官员的讨论会上，他们描绘受益者的观念由“要我改厕”转变为“我要改厕”。在意识到卫生厕所改建的重要性和好处后，这些受益者对项目投入了极大的积极性，在技术上提出了许多改进的方法。

（6）行为改变将是长期的过程。目前还不能立即看到项目受益者的行为改变。对此有几种推测解释：第一，个人卫生行为的改变与经济发展水平、文化背景和当地习俗密切相关。它要求适宜的社会和环境的主体来影响个人卫生习惯的改变，这需要较长时间。两年半太短，还不能看到这种影响。第二，此次评估没有搜集定量数据，这样就不能与基线数据做定性对比。第三，有些项目地区没有达到政府规定的卫生厕所覆盖率标准。这些项目地区虽然有了明显的改善，但仍有很长的路要走。第四，垃圾废水治理、牲畜和家禽的饲养方式等因素对个人环境卫生也有一定影响，与目前的项目状况和结果密切相关。

（7）迫切需要更多和更广泛的培训。在过去的两年半里，项目地区编制了许多培训教材，这些教材的质量和数量有较大提高，受训者数量每年都在增加。为满足项目的扩展和传播，迫切需要更广泛的培训。

（8）需要更多项目执行方面的技术指导。缺乏令人满意的卫生厕所设计来满足不同气候、不同地区的需要。各地对厕所的类型的需求不同，而目前并没有真正达到受益者对厕所建设的设计和技术指导方面的需求，因而延迟了项目进程。建议开展更多课题研究及对更多的技术人员进行培训，以提高对项目的技术支持，加快项目的进展。

四、合理性评价及调整意见

通过此次评估，可以看到该项目基本按照项目计划在进行，执行部门已具备组织良好的领导集体执行项目。相关部门积极参与项目活动，形成了多部门合作的项目模式，加强了技术方面的培训，并且取得了一定效果。文件管理实现了系统化，所有提供的设备如计算机、复印机等可以充分利用。通过评估，针对项目后期阶段的工作提出如下建议：

（1）调整项目计划目标。由于资金投入不足，某些项目（如校厕和户厕的建设）可能不能达到目标规定的数量，因此，很有必要减少建设目标数量，制定切合实际的目标。

（2）社会动员。为了宣传项目及满足扫盲的需要，可以采用多种形式的社会动员，如地方剧、舞蹈和打油诗等。

（3）能力建设。加大动员投入，规定明确的执行指标，以利于最后评估。

（4）资金筹集。拓宽筹资渠道，提高项目人员筹集资金的能力。多方筹资将为项目后期执行提供资金来源。

（5）性别观察和妇女动员。妇女占受益者的绝大部分，动员她们积极参与项目活动是非常关键的。随着动员标准的明确，相关措施（如参与式培训，组织妇女卫生队）可以附加到项目的执行中。

（6）质量控制。为宣传卫生厕所的标准设计，应进行相关技术指导，对户厕和校厕进行监督，特别是粪池尺寸要因地制宜，根据不同气候、地理条件，设计不同的卫生厕所。

（7）维护和支持服务。为了保持户厕和校厕的清洁和正常使用，应提供相关支持服务和监督。

（8）评估。为了扩大评估项目影响，需要制作详细评估方案及其细化指标。项目官员的评估技能培训也非常必要，因为培训他们，有利于让他们更好地参与项目的评估过程，并且从中提高自身的能力。

（9）提高项目资金利用率。今后两年已筹集的项目资金比前三年少许多，如何更有效地发挥有限资金的作用，应是未来需要研究的一个方面。建议在计划时将资金更多地用于省县基层需求最强烈的地方。

附录3　社会服务优秀案例范例

留守儿童厌学情绪改善个案[①]

一、背景介绍

（一）基本资料

服务对象：小明（化名），男，8岁，小学一年级，籍贯为江苏省××县，随家庭迁往无锡，在上学前为留守儿童。服务对象好动，没有学习的兴趣和动力，在校期间上课不听讲，一直开小差和讲话。服务对象不肯学习，服务对象的母亲非常着急，奶奶经常打骂服务对象，老师几乎想放弃这个孩子。

（二）求助背景

在XQ社会工作室开展“才赋加油站”少儿助力成长项目中的“天天陪伴”服务时，服务对象的母亲主动上门寻求社会工作者的帮助。“天天陪伴”服务针对困难家庭儿童与青少年，提供每天放学后至五点半左右的社工服务，通过督导及辅导服务对象完成作业、培养服务对象养成良好的学习及行为习惯，协助解决家庭没有时间教育或不会教育子女的困难，助力服务对象健康成长。

“天天陪伴”服务开展已有约两周，社会反响良好，服务对象的母亲主动寻求社会工作者帮助。在此之前，服务对象的母亲已经找过一些大学生家教对服务对象进行辅导，但没什么效果。

二、分析预估

（一）收集资料

1. 服务对象家庭方面的资料

服务对象随家庭迁往无锡后，跟随爷爷奶奶居住，父母则都去广州打工。服务对

① 江苏省民政厅. 江苏省社会工作优秀案例与项目汇编. 2016：52-58.

象在上学前的教育和生活都由奶奶打理。至服务对象上小学一年级开始，服务对象的母亲从广州回来。现在家庭生活成员有爷爷、奶奶、妈妈、小明和弟弟。

（1）服务对象的母亲。服务对象的母亲原在广州打工，服务对象上小学后回到无锡，但因要上早中晚班，工作辛苦，上中班时没有时间管教孩子。发现服务对象不肯学习后，曾请家教帮助，但仍然没有效果。学校老师对服务对象的评价让母亲非常担心焦急，加上还要带一个比服务对象小两岁的小儿子，服务对象的母亲承受巨大的压力，情绪不稳定，经常批评责怪服务对象。

（2）服务对象的奶奶。服务对象的奶奶是其上学前的重要陪伴对象，对服务对象起到重要的情感和生活支持的作用。社会工作者在收集资料时发现，服务对象的奶奶是社区的清洁工，不识字，存在不正确的教育方式。只要服务对象稍有不好的表现，奶奶就会打骂服务对象，并且用词有较严重的恐吓性。服务对象没有不良行为时，奶奶也看不到服务对象的努力，经常埋怨服务对象。这使服务对象在害怕的同时，不是很在乎别人对自己的不良评价，外界的约束也难以在其身上起到作用。

（3）服务对象的父亲。服务对象的父亲常年在外打工，服务对象缺少父亲的陪伴与关怀。

2. 服务对象学校方面的资料

（1）服务对象的同辈群体。服务对象由于学习习惯较差，成绩不好，经常被老师批评，所以在交友过程中，常常以赠送同学文具用品的方式与同学交往。在“天天陪伴”服务中社会工作者也发现，由于服务对象学习习惯较差，其他的孩子不愿意与服务对象一起学习。

（2）服务对象的老师。服务对象上课讲话，不遵守纪律，经常遗漏作业或不做作业，在考试中经常试卷只做一半。服务对象的老师在教育无果后让服务对象坐在教室的最后一排。因为服务对象在校表现不好，服务对象的母亲也不太好意思与老师进行沟通。

3. 服务对象的求助内容

服务对象的家庭希望服务对象能获得较好的教育支持，提升成绩，担心服务对象会留级或辍学。

（二）服务对象的问题与需求分析

1. 服务对象层面

（1）学习专注力的提高。开始接受服务时，社会工作者对服务对象的注意力测量显示其注意力只能集中1分钟左右。服务对象写字时，每写一笔思维都会转移，一个字刚刚写完就让其默写一下，也默写不出来。服务对象由于注意力集中能力差，易被外界环境吸引，思维不能集中，因此难以记住学习信息。服务对象在校期间，试卷都只做一半，服务对象说是由于来不及，而作业和试卷来不及做完的深层原因正是服务对象的学习专注力差，无法提升学习效率。因而提升其专注力是改善服务对象学习状况的迫切需求。

（2）学习习惯的养成。由于服务对象的奶奶不识字，所上幼儿园也没有教过识字和算术，因此服务对象上学后，很不习惯天天读书写字。服务对象常常不想上学，希望回到幼儿园。

（3）服务对象的学业支持。服务对象学习能力差、学习发展滞后，造成其与学习环境的不良互动，因而给予服务对象学业辅导和支持也十分重要。

2. 家庭环境层面

（1）家庭教育的改善。社会工作者通过分析服务对象家庭的有利和不利条件，发现需要调试其家庭教育，通过亲职辅导和教育，帮助服务对象的母亲树立正确的教育观念。同时，社会工作者发现服务对象的奶奶存在不良的教育方式，使服务对象害怕奶奶并存在严重的厌学情绪，社会工作者需要对其家庭教育进行改善。

（2）服务对象母亲的心理调适和支持。服务对象的母亲平时上班辛苦，丈夫在外打工，自己要照顾两个孩子。由于服务对象的学业极差，母亲付出许多努力仍不见改善，老师的行为也让母亲认为老师已经放弃对自己孩子的教育支持，使其产生焦虑情绪。一开始，服务对象的母亲经常表示自己要崩溃了。因而，社会工作者需及时为服务对象的母亲提供必要的心理辅导和支持服务，使服务对象的家庭发挥正向功能。为服务对象的母亲增能，可使服务对象的母亲与奶奶实现与学校环境的良性互动，促进服务对象与环境的适应性平衡。

（3）基于优势视角的服务对象优势。

其一，服务对象及其家庭有希望改变的动机。

其二，服务对象对手工有很大兴趣。

其三，服务对象母子关系良好。

其四，服务对象性格活泼，善于交际，能够获得他人支持。

三、服务计划

（一）服务目标

（1）提升服务对象的专注力，培养良好的学习习惯。（具体测量：能够维持专注力时间逐步增加，从 5 分钟到 20 分钟。学习成绩获得提升。）

（2）改善服务对象的厌学情绪。（具体测量：转变对待上学的态度与行为。）

（3）促进服务对象与环境的适应性平衡。（具体测量：服务对象母亲的焦虑情绪获得缓解，服务对象在校表现从被老师放弃到被老师表扬，服务对象奶奶打骂服务对象次数减少。）

(二) 介入策略

1. “天天陪伴”服务

服务对象习惯的养成需要一个长期的持续的过程影响。要求服务对象每周一至周五下午放学后至下午五点半在机构学习，通过社会工作者对服务对象的持续影响和课业辅导，给予服务对象学业辅导、学习习惯培养的服务。

2. 心理调适

通过对服务对象母亲的心理调适与支持，缓解其焦虑情绪，增强母亲协助服务对象改善当前状况的动机。

3. 挖掘服务对象潜能

着力于服务对象的兴趣和优势。社会工作者创造情境帮助服务对象获得成功体验，以增强其专注力及克服挫折的意识。

4. 同伴互助

社会工作者链接相关资源开展小组工作，在培养服务对象抗逆力的同时，提升其余同伴互助交往的技能，使其获得来自同辈的支持。

(三) 服务模式

1. 心理社会治疗模式

该模式认为，心理因素和社会因素相互关联与影响。人生活在特定的环境中，心理、生理和社会三方面共同推动个人的成长与发展。服务对象现在的问题来源于早期教育、家庭学校环境等多方面因素的影响，因而要求社会工作者除了对服务对象提供直接服务，还需要改善周围环境和辅导其母亲、奶奶来间接影响服务对象。

2. 家庭治疗模式

服务对象的问题部分也是由其家庭教育不当造成的，因而改善家庭环境也很重要。

3. 行为治疗模式

服务对象对学习的恐惧和厌恶需要通过行为治疗模式的方法来帮助其克服。行为治疗模式揭示了行为习得、行为改善的规律，对于改善服务对象的学习习惯有很强的借鉴意义。

(四) 服务过程

接案—收集资料—制订计划—介入—结案与评估—跟进服务。

四、服务计划实施过程

(一) 提供服务

1. 家庭成员的心理支持和亲职辅导

一是对服务对象的母亲进行情绪疏导和心理支持，帮助其分析服务对象的现状、原因、解决问题的方案，让其感受到社会工作者的助人热情与能力，缓解精神压力和焦虑情绪，从而能够积极努力地行动。

二是对服务对象的奶奶进行亲职教育辅导，帮助其分析原有教育方式对服务对象的不利影响和后果，了解和学习在家庭亲子关系中如何正确地表达，根据服务对象特点及家庭实际情况去寻求更加有效的教育方式。

2. “天天陪伴”服务

一是通过对服务对象持续性的影响，即在每天的课后辅导中持续进行专注力的培养，促进服务对象学习习惯的养成和学习成绩的进步。

二是在服务中观察服务对象的母亲、奶奶与服务对象的互动方式，及时进行干预和引导，帮助服务对象与家庭建立良性的互动关系，获得良好的家庭支持。

三是与学校老师互通情况，在改善服务对象学习习惯、提升学习成绩的同时，促进服务对象对学校的适应，改善厌学情绪。

3. 素质拓展小组服务

组织服务对象与其他困难家庭儿童一起开展素质拓展小组活动，帮助服务对象提升意志力和克服困难的意识。

4. 链接资源

一是链接刻纸大师作为志愿者，利用服务对象对手工刻纸的兴趣，强化其学习动机，培养其专注力。

二是链接其他孩子的家长，与服务对象家庭分享育儿经验。

三是根据服务对象母亲的优势，建议其寻求学校、社会、网络、书籍等多方面资源，促进服务对象的进步。在社会工作者的建议下，服务对象的母亲为服务对象报名参加了其他机构举办的注意力训练班，关注了一些有关儿童教育的微信资源。

（二）整合资源

社会工作者链接社区资源，为服务对象提供课后学习场所；链接志愿者，提供课后辅导服务；链接拓展中心、社会机构，提供专业训练。同时提供一些课外书籍，与学校建立联系，对服务对象家庭、社区、学校资源进行整合，为服务对象提供全面改善的机会和可能。

五、总结评估

（一）服务对象及其家庭的满意度

服务对象的母亲非常感谢社会工作者，认为社会工作者付出了极大的努力。服务对象认为在社会工作者的帮助下，自己有了进步，受到了老师的表扬，很开心。

（二）过程评估

1. 介入前期

社会工作者与服务对象及其家庭建立了良好的专业关系。通过对服务对象的陪伴支持、针对服务对象母亲的心理疏导和支持服务，社会工作者获得了服务对象家庭的信任和支持。服务对象经常因为留校或不写作业被奶奶打骂，社会工作者在与其奶奶建立良好关系的基础上，对这种不良关系进行介入。在沟通协调中，服务对象表示由于奶奶的打骂，自己对学习更加害怕，奶奶也承诺今后少打骂服务对象，并希望社会工作者改善服务对象的成绩。

服务对象放学后就是不愿意写作业，只想着玩，社会工作者针对其喜爱运动的特点，让其运动十分钟后再学习。

在一个半月的前期服务下，服务对象厌学的情况获得极大改善。在社会工作者持续性的陪伴和专业服务下，服务对象语文写字和默写情况有较大改善，在学校受到老师的表扬，不再害怕学习，不再说不愿上学的话，自信心提升，认为自己能学习好。

2. 介入中期

在服务过程中，服务对象注意力较差，每写一个字就要与社会工作者讲话。数学题扳手指头算，往往用了很长时间才做完一点作业。社会工作者从其感兴趣的话题，扩展到学习的重要性，从而强化服务对象学习的动机。

在学习辅导上，社会工作者运用服务对象擅长形象思维的特点，帮助服务对象学习，并逐步加强其抽象思维能力。

社会工作者与服务对象的母亲沟通，提醒母亲可以在哪些方面做出努力，以共同改善服务对象的状况。在社会工作者的辅导下，服务对象的母亲承诺尽量多抽时间来陪伴服务对象。社会工作者对服务对象获得的良好学习习惯加以强化，并积极寻找一些培养专注力和兴趣的信息和课程来帮助服务对象。

在期末考试时，服务对象的数学获得了九十分以上的高分，提升了服务对象的自信和热情。但服务对象的语文仍然考了全班的最后几名，社会工作者观察到，服务对象的语文课本教学已经要求扩词和作文，但由于服务对象的学习滞后，拼音还不熟练，造成服务对象学习上的恶性循环。

3. 介入后期

社会工作者叮嘱服务对象的母亲在寒假期间为服务对象订立每天的学习任务，找服务对象感兴趣的文字书，增强他的阅读能力和耐心。社会工作者提供培养专注力的拼图、迷宫和素质拓展小组活动，全面提升服务对象的专注力。

社会工作者发现服务对象擅长手工，于是链接到无锡刻纸大师的工作室，带服务对象参观学习。刻纸大师成为辅导服务对象的志愿者，并承诺只要服务对象认真学习，便赠予他一些自己的作品。服务对象深受鼓舞，增强了学习动力。

服务对象从原来不会默写到只错一两个，老师夸赞其进步很大。服务对象的母亲现在也不用再请家教，非常感谢社会工作者的服务。

4. 介入结束期

社会工作者逐渐淡化学习辅导者和督促者的角色，开始培养服务对象自觉学习、独立完成作业的习惯。服务对象的母亲有空时会到工作室陪伴服务对象，有时还会充当志愿者辅导其他学生。社会工作者逐渐淡出，以培养服务对象自主学习的能力，并对服务对象的状况进行跟踪及评估。

5. 跟踪期

服务对象即使在没有人陪伴的情况下，也能够自己独立写作业，保持原有的学习状态；且专注力由原来的1分钟提升至现在的30分钟左右，字也更加端正，作业正确率获得很大提高。

（三）效果评估

服务对象专注力大大提高，由原来的1分钟提升至30分钟，学习成绩获得明显提高，受到老师表扬。奶奶打骂服务对象的次数减少。服务对象与环境获得良性平衡。

六、专业反思

（一）社会工作者要把握在服务中的角色

社会工作者应注意，学习困难儿童的直观表现为学业较差，但其学业较差的表现有更深层次的问题和原因。社会工作者应把握自己的角色，注重解决服务对象的深层问题，注重整合服务对象资源，而非充当简单的类似家教的角色。

（二）克服急躁情绪和低效压力

一月两次的服务很难对服务对象起到明显影响。在此次个案的前期和中期，社会工作者的投入是巨大的，需要每天持续性地引导。服务对象能够在半年内获得较大进步，说明社会工作者起到了巨大的作用。难度较大的个案，需要社会工作者克服急躁情绪和低效压力。

（三）心理辅导的作用

在前期设计中，社会工作者考虑是否要对所有困难家庭儿童的服务增添心理辅导，以改善其情绪问题。但在实际服务中发现，一些低保或残疾家庭的孩子，并不明显存在自卑等情绪问题，社会工作者实际接触的一些服务对象更多的服务需求在于认知意识层面的正面引导以及学习和行为习惯方面的调整，社会工作者可以使用一些相关的心理行为辅导技巧。

附录4　社会服务优秀项目范例

青春家园：困境青少年家庭成员支持项目[①]

一、背景介绍

（一）项目的意义和必要性

1. 促进困境青少年的健康成长。青少年是国家的未来，有些青少年由于自然、家庭和社会的原因而陷入困境，要通过外力介入为其创造脱困的条件。

2. 把家庭视为一个整体有助于青少年问题的解决。项目以其家庭成员为切入点，以家庭系统理论为指导，把家庭作为一个系统，通过改变家庭成员来改变青少年的生存状况，改善亲子关系，建立良好的家庭成员关系。

3. 关注困境青少年家庭成员的成长。关注家庭成员的成长，有助于提升家庭的生活质量，创造良好的家庭环境。

（二）项目创新性

1. 把家庭作为整体开展服务。项目认为，青少年与家庭成员密切相关，既要改变青少年，也要改变其家庭成员，才能收到好的效果。项目把困境青少年的家庭作为一个整体开展服务，通过改善家庭成员的关系，实现家庭成员的成长，从而影响困境青少年。

2. 关注家庭的互动。项目通过亲子关系的改善，来实现家庭功能的正常化，良好的家庭互动对于青少年的健康成长非常有益。

3. 公益目的是改变而非简单帮扶。这种改变淡化了物质层面的易依赖型的资助，旨在实现家庭整体功能的提升，实现从助人到自助的改变。

---

① 江苏省民政厅. 江苏省社会工作优秀案例与项目汇编. 2016：234-240.

二、项目目标

目标1：亲子关系的改善。

目标2：家庭成员知识水平和能力的提升。

目标3：教育观念的改善。

目标4：和谐家庭关系的形成。

三、项目方案

1. 建立家庭成员的档案，进行档案管理。2014年1—3月。

2. 家庭改善计划。2014年4—11月。

（1）开心过节。开展心愿礼物、母亲节送康乃馨、中秋节送月饼等活动，帮助困境青少年家庭像普通人家庭一样过节。

（2）向日葵晚辅导。每周一到周五晚上5—7点开设晚辅导，对无法到晚辅导点的服务对象开展入户家教。

（3）困境家庭的帮扶。根据家庭情况给困境青少年家庭发放困难补助，帮助困难家庭申请低保和其他社会救助。

3. 家长课堂。2014年7—11月。共开设20节课。

4. 暑假课堂。2014年7—8月。共开设192节课。

5. 主题活动。2014年3—11月。共开设14节课。

6. 向日葵晚辅导。2014年3—12月。共开设113节课。

7. 个案辅导。2014年4—11月。共做60个个案。

四、项目实施过程

（一）项目宣传

1. 报纸宣传。

2. 短信群发。

3. 电话通知。

4. 社区宣传。

（二）家庭走访及档案建立

2014年1月，社会工作者收集了QH区的7个街道提供的单亲、孤儿、贫困等青少年家庭（近300户）的资料。首先，社会工作者对这些资料进行简单的排查（如孩子在外地上学、年龄超过18岁等）；其次，社会工作者通过电话访问、入户家访、询问邻里等方式，核实填充资料。

2014年1—3月，社会工作者走访150多户，给其中符合项目要求的家庭建档，共建档100户。与困境青少年及其监护人建立专业关系，以便于以后开展服务，帮助他们解决问题，建立良好关系。在此基础上，给困境青少年及家庭成员建档，进行档案管理。

（三）志愿者招募及管理

2014 年 3 月，社会工作者在 HA 市 2 家高校开展高校志愿者招募，共招募近 300 位志愿者。他们分别参与下面几项活动：

1. 家访。120 位志愿者，每月入户家访一次。

2. 暑假活动。15 位高校志愿者分三批参与 192 次暑假活动，共 1 000 多人次；80 位左右高校志愿者参与 14 次主题活动，共 400 多人次。

3. 向日葵晚辅导。有 30 位志愿者参与向日葵晚辅导，共 226 人次。

4. 入户调查。有 30 位志愿者参与服务对象的家庭调查，共 200 人次。

（四）个案服务

2014 年 4—11 月，社会工作者在建档的 100 户中，按其困难紧急程度开展个案服务，共开展 60 个个案。120 位志愿者每月探访这 60 个服务对象家庭（二对一），协助社会工作者开展服务。社会工作者根据服务对象情况紧急程度，开展及跟踪个案。每周星期三安排 1 名督导对个案进行定期辅导。下面列举两个典型案例。

案例 A：小红（化名），女，13 岁，初一，父亲去世后母亲改嫁，小红现在和爷爷奶奶住在一起。父亲在世时小红的成绩很好，性格活泼。但父亲去世后，小红开始不愿与别人接触。小红上初中后，每天回家都要一边玩电脑，一边写作业，每天写作业都写到很晚，成绩下滑很厉害。爷爷很担心她会沉迷网络，为做作业开电脑的事和小红吵过很多次。为此社会工作者多次去小红家，教她爷爷一些基本电脑知识，并且教会爷爷通过查找历史记录来了解孙女上网内容及时间。另外开展家庭辅导，在小红及爷爷奶奶都在场时，将爷爷担心的问题告诉小红，促进他们之间的交流。在社会工作者的帮助下，爷爷能够及时了解小红上网情况（并不是他想象中的沉迷网络，孙女上网大多是为了查找作业难题，偶尔看看小说）。小红也了解了爷爷对自己的关心。现在祖孙俩的关系和好如初，小红的爷爷不仅能了解孙女的上网动态，还能用电脑查阅自己喜欢的京剧曲谱。小红也愿意和班级同学多走动，互相教学，而不是只向电脑请教。

案例 B：小玉（化名），女，11 岁，父亲因犯罪进了监狱，母亲在父亲坐牢期间出走，现在小玉由爷爷奶奶抚养。其学习成绩很差，除了语文勉强及格外，数学和英语都不及格。爷爷对孙女的成绩十分忧虑，但是既没有能力辅导孙女学习，又没有经济实力送孙女去辅导班。对此社会工作者通过个案、家庭辅导等方式安抚爷爷焦虑的情绪，另外整合资源，联系××师范学院爱心家教协会的志愿者来机构支教，邀请小玉参加晚辅导。由于隔代亲及家庭特殊原因，小玉脾气倔强，刚开始在集体活动中，总与其他小朋友发生冲突。通过一系列小组活动，小玉现在已经能和其他小朋友友好相处。在服务过程中，社会工作者与爷爷进行沟通，强调他们的教育责任，不能放任，在管理的同时，也要学习新教育方式。

（五）主题活动

2014年3—11月，社会工作者共开展14次主题活动，这些主题活动内容新颖，贴近服务对象，深受服务对象的喜爱。它们主要分为以下几类：

1. 节日主题活动。

（1）母亲节送康乃馨。项目中多数服务对象家境贫困，父母艰难地维持生计，照顾孩子。有些孩子是由爷爷奶奶照顾的，他们大多父母离婚或是孤儿，爷爷奶奶十分辛苦。母亲节快到了，社会工作者联系高校一直做家访的志愿者，邀请他们在母亲节为困境家庭的母亲或长辈，送上一束康乃馨，让困境家庭感受节日的浓浓气氛，让孩子在节日中学会孝敬长辈，学会感恩！母亲节送康乃馨活动，深受服务对象喜爱，在活动当天，很多服务对象流下了幸福的眼泪。

（2）中秋节送月饼。中秋节前一个星期，社会工作者联系高校的志愿者，邀请他们在中秋节为困境青少年家庭送上一盒月饼，让困境青少年家庭感受节日的浓浓气氛。月饼由机构免费提供，志愿者和社会工作者反馈，服务对象收到月饼后，喜出望外，兴高采烈地邀请他们一起过中秋。

2. 季节主题活动。

（1）春季——盆栽认领和春游活动。春天万物复苏，百花齐放，社会工作者带领服务对象到××公园放风筝，吃肯德基。盆栽认领活动中，花盆、种子和泥土由XY社会工作服务社提供，社会工作者教服务对象种植技巧方法，种植完毕后，花盆将会被贴上服务对象的名字。每个盆栽代表了每个服务对象的梦想和希望，它将随着天气的变暖而发芽开花，温暖每个服务对象的心灵。种植活动结束后，社会工作者带领服务对象参加文武全才的活动，活动内容丰富。

（2）夏季——青岛亲子夏令营。青岛亲子夏令营包括“向快乐出发”“眼观世界”“大海啊大海”“海底探秘”“熊出没，我来了”五个活动，服务对象在玩乐中，亲子关系变得更加亲密。这次活动使很多孩子第一次见到大海，孩子们在海边快乐地玩耍。

（3）秋季——秋游活动。秋游活动是困境家庭与失独老人一起游玩××园，孩子们的欢声笑语让失去儿女的失独老人脸上露出久违的笑容。社会工作者为老人及孩子们准备了秋游的零食、水果及礼品。这次活动主要有“拔河比赛”“我们都爱恐龙”“碰碰车”“碰碰乐儿童乐园”。

3. 亲子主题活动。

亲子主题活动主要有外出游玩活动“动物园游玩”“青岛亲子夏令营”。外出游玩活动能增加家长陪伴孩了的机会，在玩耍中增进亲子关系。还有手工亲子活动“星之源——DIY手工饼干”“DIY亲子手工饼干”“DIY亲子手工比萨”。手工亲子活动意在让家长与孩子一起完成一个手工作品，家长可以在做饼干、比萨的过程中发现孩子的优点，增进交流。

4. 与其他组织的主题活动。

机构与魔幻儿童组织合办了“我有一心愿”活动，活动主要为8个服务对象提供了一次心愿满足的服务。机构与××师范学院读者协会一起举办了“读书周”活动，与××师范学院爱心家教协会组织一起举办了“爱教大学生节”。活动内容由大学生精心策划，深受服务对象喜爱。

5. 特别主题活动。

“圆梦行动”是机构面向全体服务对象策划的大型活动。由高校一百多名志愿者入户家访，并向社会工作者反馈服务对象的心愿。社会工作者统计并实现服务对象的愿望。

(六) 向日葵晚辅导

向日葵晚辅导活动开办两期，活动时间为每天晚上5—7点，一周开设五天。第一期由2014年3月24日到2014年6月13日，共开展学业辅导课程60次，第二期由2014年10月27日到2014年12月31日，共开展学业辅导课程53次，一共开展113次免费学业辅导课程。这个活动解决了困境青少年家庭家长因学历不高无法辅导孩子学习，又无力支付孩子上辅导班的费用的困境。

(七) 暑假课堂

2014年7月7日到2014年8月29日，XY社会工作服务社共开展暑假活动48天，每天开设4次课程，共开设192次课程。其中包括小组活动、暑假作业辅导、英语(数学、其他外语)小知识和兴趣课堂，帮助孩子们开心度过暑假。暑假课堂不仅解决了大多数家长没有时间管理孩子的问题，而且全面培养了孩子的兴趣和交流能力。

(八) 家长课堂

很多服务对象陷入困境，不仅是因为家庭贫困，更多是长辈错误的教育方式、无效的沟通模式导致的。为了更好地帮助服务对象，社会工作者邀请多名社会工作、心理学及教育学的专家，为家长们开展家长课堂。除了传统的PPT演讲模式，专家们还采用家庭模式、小组模式等开展活动。家长课堂主题由社会工作者根据家访、志愿者反馈及小组活动中发现的问题提炼而成，贴近服务对象生活。

五、项目成效与经验总结

(一) 项目成效

1. 项目把家庭作为整体来开展服务。

2. 项目通过改变其家庭成员，来实现困境青少年的转变。

3. 项目关注家庭功能的恢复。

4. 项目建立了服务对象社会支持网，有助于增加其社会关系网络。

5. 项目提高了社区居民对社会工作专业的认识，让更多居民认识、了解了社会工作者。

6. 项目以社区为平台开展活动，让社会工作者和社区工作人员互相学习，共同提高了实践能力和专业能力。

7. 项目为××市高校社会工作专业学生提供了实习场所与机会，让他们在实践中提高了专业能力及专业认同感。

8. 在整个活动过程中，社会工作者与前来考察的机构进行深入的交流和互相学习，一方面扩大了本机构的影响力和知名度，另一方面使本机构的服务能力有了显著的提升。

（二）项目经验

1. 与社区合作。以社区为平台开展活动，让社会工作者和社区工作人员互相学习，共同提高了实践能力和专业能力。

2. 与高校社团合作。在项目开展中，机构分别与当地高校的爱教社团、蒲公英社团、大学生志愿者社团和高校社会工作专业的志愿者进行合作，成功举办了很多活动。与高校合作，一方面志愿者素质高，节省项目资金支持；另一方面项目开展也为志愿者们提供了实践的机会，提高了他们的实践能力。

3. 把家庭作为整体来开展服务。项目通过改变家庭成员来改变困境青少年，关注家庭功能的恢复。

六、问题与反思

（一）问题

1. 距离社工机构较远的服务对象参与不积极。项目的服务范围是 H 市 QH 区，机构驻扎在 CX 街道 SH 居委会，根据机构的辐射范围，BL 街道与 LS 街道离机构较远，而每次小组活动、家长课堂、晚辅导及大多数主题活动的活动地点都是在机构。因此，离机构较远的两个街道的服务对象，参与集体活动的非常少，只能通过志愿者和社会工作者定期上门家访。

2. 学生志愿者多，社区志愿者少。招募及培训的志愿者大多是大学生，社区志愿者非常少。项目需求的志愿者，是经过培训后在规定时间内能定期参与项目活动的。而社区志愿者素质不齐、培训困难。但是社区志愿者数量多、接地气，如果能运用好，不仅能更好地开展项目，也能扩大机构及项目的影响力。

3. 对财务规范了解不够。参与这次项目的社会工作者只参加过一次为期三天的财务管理培训。二天中只有半天与对应会计师事务所负责人交流，因此对很多财务管理要求只有大概的概念。且机构没有做过大型项目，只能凭借资料与项目计划，提出问题。但是，在后期实践中，不断对一些细节感到疑惑，不知标准。比如，室内主题活动、家长课堂和向日葵晚辅导都是在活动室开展的，而机构的活动室是租的，每年要交房租。活动费用有场地费，可是房租费是否可以算场地费？应列入哪个明细？机构财务管理人员对此很迷茫。

(二) 反思

1. 增加与社区合作力度，提高机构辐射范围。BL 街道与 LS 街道的居民不愿来机构参与集体活动是因为活动地点离他们较远。机构应积极与 BL 街道和 LS 街道的社区合作，争取在这两个街道驻扎分点，这样可以在这两个街道内的居委会开展活动，居民的参与度一定会提升。

2. 制定社区志愿者管理制度。机构应该制定社区志愿者管理制度，积极鼓励社区居民以志愿者身份参与活动。应在实践中不断完善社区志愿者管理制度，采取鼓励措施，提高社区志愿者参与度。

3. 项目管理及财务管理建议。(1) 加强对项目管理的培训力度，特别是请相关管理较好的单位来示范；(2) 把关于项目管理的好的做法编印成册进行交流；(3) 建立 QQ 群，增加群体内的交流；(4) 建立开发项目管理软件，或者使用统一的管理软件，这样便于整体控制。

参考文献

德鲁克. 非营利组织的管理［M］. 北京：机械工业出版社. 2009.

陈锦棠，等. 香港社会服务评估与审核［M］. 北京：北京大学出版社，2008.

陈力生. 现代审计基础与实务［M］. 上海：立信会计出版社，2005.

陈为雷. 社会服务项目制的建构及效应分析［D］. 天津：南开大学，2013.

大爱之行全国项目办公室. 社会工作项目管理手册［M］. 北京：中国社会出版社，2016.

方巍，祝建华，何铨. 社会项目评估［M］. 上海：格致出版社，2012.

方巍，张晖，何铨. 社会福利项目管理与评估［M］. 北京：中国社会出版社，2010.

郭景萍. 社会工作机构的运作与管理［M］. 北京：北京大学出版社，2015.

韩俊魁. 非营利组织项目管理［M］. 北京：社会科学文献出版社，2015.

何式凝. 中国社会工作案例［M］. 上海：世纪出版集团，2008.

黄晓勇. 中国民间组织报告（2009—2010）［M］. 北京：社会科学文献出版社，2009.

林闽钢. 现代社会服务［M］. 济南：山东人民出版社，2014.

刘凯茜，彭建梅，刘佑平. 政府购买社会组织服务操作指引［M］. 北京：中国文史出版社，2016.

陆士桢，李江英，洪江荣. 中国青少年社会工作实务案例精选［M］. 上海：华东理工大学出版社，2010.

江苏省民政厅. 江苏省社会工作优秀案例与项目汇编. 2014.

江苏省民政厅. 江苏省社会工作优秀案例与项目汇编. 2015.

马伊里，吴锋. 社会工作案例精选［M］. 上海：华东理工大学出版社，2007.

全国社会工作职业水平考试教材编写组. 社会工作实务（中级）［M］. 北京：中

国社会出版社，2017.

深圳市南山区社会工作协会. 实践书写：深圳社工专业实务指引 [M]. 广州：南方日报出版社，2013.

史柏年. 希望社工经典案例评析 [M]. 北京：社会科学文献出版社，2011.

童敏. 社会工作专业服务的规划与设计 [M]. 北京：社会科学文献出版社，2011.

王瑞鸿. 社会工作项目精选 [M]. 上海：华东理工大学出版社，2010.

王浦劬，萨拉蒙，等. 政府向社会组织购买公共服务研究：中国与全球经验分析 [M]. 北京：北京大学出版社，2010.

王名. 社会组织论纲 [M]. 北京：社会科学文献出版社，2013.

王名，刘培峰，等. 民间组织通论 [M]. 北京：时事出版社，2004.

谢寿光. 跨界对话：公益项目实战宝典 [M]. 北京：社会科学文献出版社，2016.

项目臭皮匠. 项目百子柜：一本社工写给同行者的工具书 [M]. 北京：中国社会出版社，2017.

肖小飞. 审计基础与实务 [M]. 北京：电子工业出版社，2005.

岳经伦. 社会服务：从经济保障到服务保障 [M]. 北京：中国社会出版社，2011.

赵海林. 善存民间，我在其中——淮安市社会组织公益服务案例汇编 [M]. 南京：南京师范大学出版社，2015.

赵仲杰. 社工服务项目操作指南 [M]. 北京：知识产权出版社，2015.

张书颖. 社会组织服务项目操作指南——以北京朝阳区和丰台区社会组织服务为例 [M]. 北京：知识产权出版社，2013.

图书在版编目（CIP）数据

社会服务项目运作实务/赵海林主编. —北京：中国人民大学出版社，2018.3
新编21世纪社会工作系列教材
ISBN 978-7-300-25600-9

Ⅰ. ①社… Ⅱ. ①赵… Ⅲ. ①社会服务-项目管理-高等学校-教材 Ⅳ. C916.2

中国版本图书馆CIP数据核字（2018）第032974号

新编21世纪社会工作系列教材
社会服务项目运作实务
主　编　赵海林
副主编　张　伟　陆飞杰　徐　璐
Shehui Fuwu Xiangmu Yunzuo Shiwu

出版发行	中国人民大学出版社		
社　　址	北京中关村大街31号	**邮政编码**	100080
电　　话	010－62511242（总编室）		010－62511770（质管部）
	010－82501766（邮购部）		010－62514148（门市部）
	010－62515195（发行公司）		010－62515275（盗版举报）
网　　址	http://www.crup.com.cn		
	http://www.ttrnet.com（人大教研网）		
经　　销	新华书店		
印　　刷	北京溢漾印刷有限公司		
规　　格	185 mm×260 mm　16开本	**版　　次**	2018年4月第1版
印　　张	13	**印　　次**	2019年12月第2次印刷
字　　数	244 000	**定　　价**	38.00元

关联课程教材推荐

书号	书名	作者	定价
978-7-300-25805-8	社会工作概论（第三版）	李迎生	79.00 元
978-7-300-26267-3	个案工作（第二版）	隋玉杰	59.00 元
978-7-300-20723-0	社会工作行政	时立荣	29.80 元
978-7-300-26877-4	社会工作行政实验教程	时立荣	48.00 元
978-7-300-26652-7	社会政策导论（第三版）	杨伟民	65.00 元

配套教学资源支持

尊敬的老师：

衷心感谢您选择使用人大版教材！

相关的配套教学资源，请到中国人民大学出版社网站（www.crup.com.cn）下载，或是直接与我们联系，我们将向您免费提供。

欢迎您随时反馈教材使用过程中的疑问、修订建议以及提供您个人制作的课件。您的课件一经采用，我们将署名并付费使用。让我们与教材共成长！

联系人信息：

地址：北京市海淀区中关村大街31号　龚洪训　邮编：100080

电子邮件：gonghx@crup.com.cn　电话：010-62515637　QQ：6130616

如有相关教材的选题计划，也欢迎您与我们联系，我们将竭诚为您服务！

选题联系人：	电子邮件：	电话：
潘　宇	pany@crup.com.cn	010-62515634
盛　杰	shengj@crup.com.cn	010-62513897

俯仰天地　心系人文

中国人民大学出版社网站 www.crup.com.cn

专业教师 QQ 群：

195761402（全国社会学教师 QQ 群）

欢迎您登录浏览人大社网站，了解图书信息，共享教学资源

期待您加入专业教师 QQ 群，开展学术讨论，交流教学心得